はじめての台湾料理

星野奈々子

介紹

ジェサオ

はじめに

台湾。一度訪れるとその魅力にはまっていつの間にか通うようになり、行ったことのない人にすすめたくなってしまう不思議な場所です。6歳の息子は初めて訪れたときにとても気に入り、何度も再訪を催促され、2度目の旅行のときには「なんでこんなに台湾が好きになっちゃったんだろう」と呟くほどです。

私が初めて台湾に訪れたのは、社会人2年目のときの海外出張でした。当時、ITエンジニアとして製造業のシステムを担当しており、研修後の初めてのお客様が台湾の企業でした。日本企業を含め、東南アジア、韓国、アメリカなどいくつか選択肢の中から台湾を希望したのは、大学時代に留学していたバークレーの寮で仲良しだったルームメイトが台湾人だったことや、会社の先輩たちから台湾の楽しさを日々聞いていたから。それからしばらくの間、1回の出張で2週間ほどホテルに滞在し、週末日本に一時帰国してまた台湾に戻る、という生活を送っていました。

仕事はとても忙しく、朝から晩までコンピューターに囲まれた部屋の中にいることも多かったのですが、覚えているのは食べ物にまつわる楽しい思い出ばかり。早朝に豆漿《トウジャン》のお店で朝ごはんを食べたり、夜遅くまでやっている牛肉麺《ニウロウミエン》を食べに行ったり、臭豆腐《チョウドウフゥ》の匂いがする夜市で食べ歩き

をしたり。大人数が集まるときには麻辣火鍋《マーラーフォグオ》などの鍋料理を食べに行き、美味しい家庭料理を出してくれる小さなごはん屋さんにもよく通いました。

週末には台鉄弁当と呼ばれるお弁当を目当てに台湾鉄道に乗って遠出し、現地の友人と映画を観に行ったり、マンゴーかき氷を食べに行くことも。日本では飲んだことのなかった台湾茶の味と香りにも惹かれ、茶藝館でゆっくりと過ごすこともありました。長い滞在でも日本に帰りたいと思うこともなく、毎日楽しく過ごせたのは優しくしてくれた台湾のみなさまと美味しいごはんのおかげだと思っています。

出張で行くことがなくなってからは、頻度は減りましたが定期的に旅行で訪れています。いつ行っても温かい人と美味しい食べ物に出会え、3〜4日の滞在では足りず、帰ってもすぐにまた行きたい！　と思ってしまいます。

本書は台湾で食べたたくさんの美味しい料理を、台湾に行けないときでも食べられるように、日本にある食材や調味料で再現し、レシピをまとめたものです。台湾を何度も訪れている方には、日本でも気軽に台湾料理を作って、楽しんでいただけたらと思います。そして、訪れたことがない方には、その魅力が食べ物から伝わり、台湾に行きたい！　という気持ちになっていただけたら嬉しいです。

星野　奈々子

台湾料理について

台湾料理をよく作るというと、「家で作れるの？」「中国料理とは違うの？」と聞かれることがあります。台湾の食材や調味料は、日本で使われているものと近いものが多く、たいていのものは日本のスーパーで手に入ります。調理法も難しいものはほとんどありません。

台湾料理は清の時代に中国の福建省や広東省から多数の人が移住したため、それらの料理がもとになり、日本の統治下にあったことから日本料理の影響も受けています。その後、四川料理、上海料理などいろいろな地方の中国料理の影響を受け、台湾独自の特色を持った料理になりました。

本書でご紹介するメニューは台湾でアレンジされた料理もあれば、中国の地方料理と同じような料理もあります。味付けは中国料理に比べると優しく薄味で、辛いものや変わった味のものは少なく、日本人の好みに合うものばかりです。

調味料と食材

台湾料理、というと特別な調味料や食材を用意しなければ、と思われるかもしれませんが、「台湾らしい味」に必要な調味料は多くありません。極端なことをいうと、ご家庭に常備してある調味料に「五香粉《ウーシャンフェン》」を足していただければ、本書のほとんどの料理を作ることができます。五香粉は独特の風味が他の調味料では出しにくいため、用意していただくことをおすすめします。また、辛いものが好きな方には「花椒粉《ホワジャオフェン》」を加えるのもおすすめです。黒酢（または酢）、豆板醤、ねりごま(白)はいくつかの料理で使用するので必要な場合はご用意ください。

食材で特徴的なものは、「干ししいたけ」「干しえび」のふたつです。乾物特有の旨みが出て、台湾らしい味を再現できます。もどし方は左記を参考にしてください。パクチーは必須ではありませんが、好きな方はぜひ加えてください。その他、手に入りにくいものは、できるだけ日本で手に入る一般的な食材で代用しています（※一部のデザートメニュー「タピオカ」「愛玉子《オーギョーチー》」などを除く）。

●五香粉《ウーシャンフェン》

八角《スターアニス》、シナモン、花椒《ホワジャオ》、丁子《クローブ》、陳皮《ちんぴ》の5種類のスパイスをブレンドしたミックススパイス。

●花椒粉《ホワジャオフェン》

中国山椒の粉末で、独特なピリッとした辛みとさわやかな香りを持つ。

●パクチー

アジア圏でよく使われるセリ科の一年草。コリアンダー・香菜《シァンツァイ》とも呼ばれ、独特な芳香があります。

●干ししいたけ

しいたけを乾燥させたもので、乾燥により旨みや香りの成分が増します。肉厚の「どんこ」と薄くてかさの開いた「こうしん」の2種類があります。

さっと洗い、ひたひたの冷水（5℃）に6～12時間浸けてやわらかくなるまで冷蔵庫でもどします。冷水でもどすと、旨み成分のグアニル酸が多く出て美味しくなります。肉厚でジューシーな「どんこ」がおすすめですが、「こうしん」を使用すると、もどし時間を短縮できます（4～5時間）。

［早くもどしたいとき］
冷水に1時間浸けた後、使用する大きさに切り、水にもどし入れてさらに30分ほど浸けます。

［さらに急いでいるとき］
耐熱ボウルに入れてラップをかけ、電子レンジ（600W）で2分加熱して粗熱をとって使用します。

※もどし汁を使用する際、分量に足りない場合は水を足し、砂などが残っている場合は茶こしでこして使用してください。

●干しえび

小えびを塩ゆでして干したもの。さっと洗い、大さじ1（5g）に対して大さじ2のぬるま湯に20分浸してもどします。もどし汁にも旨みが出ているので一緒に使用してください。

道具について

本書では、特別な道具がなくてもほとんどのレシピが作れます。三章「粉」で小籠湯包《シャオロンタンバオ》や包子《パオズ》、餃子を生地から作るときは、「せいろ（蒸籠）」と「めん棒」があるとより本格的になるのでおすすめです。

「せいろ」は、熱湯を入れた鍋にのせて使用します。天然素材が余分な水分を吸収し、ふっくらと美味しく仕上がります。せいろがない場合は深めのフライパンに蒸し網や耐熱容器を置いて水を注ぎ、食材をのせた耐熱皿を置き、ふたをして同様に蒸してください。本書では21cmを使用していますが、お手持ちのせいろが大きい場合も同様に蒸すことができます。小さい場合は2回に分けてください。

「めん棒」は、お手持ちのものでもよいですが、のばしたい生地のサイズによって大小を使い分けるとよりスムーズです。

※本書では、せいろは21cmのもの、めん棒は小さいめん棒（直径2cm・長さ22cm）と、大きいめん棒（直径3cm・長さ44cm）を使用しています。

目録 もくじ

一章 飯

二章 麵

三章 粉

紅油抄手 ホンヨウチャオショウ 汁なしワンタンの辛味ソース…45
小籠湯包 シャオロンタンバオ 小籠包…46
生煎包 シォンジェンバオ 焼き小籠包…48
肉包 ロウバオ 肉まん…50
高麗菜包 ガオリーツァイバオ キャベツまん…52
酸菜包 スァンツァイバオ 高菜漬けまん…53
豆沙包 ドウシャバオ あんまん…54

四章 湯

鹹豆漿 シェンドウジャン 台湾風おぼろ豆腐スープ…56
鮮蝦扁食湯 シェンシアビェンシータン えびワンタンスープ…58
酸辣湯 スァンラータン サンラータン…60
魚丸湯 ユーワンタン 魚のつみれスープ…61
下水湯 ハーシュイタン 砂肝としょうがのスープ…62
排骨酥湯 パイグースータン 豚の唐揚げと大根のスープ…63
苦瓜排骨湯 クーグァパイグータン ゴーヤと豚スペアリブのスープ…64
蛤仔湯 ハーマータン あさりとしょうがのスープ…65
蕃茄蛋花湯 ファンチィダンファータン トマトと卵のスープ…66

五章 菜

口水雞 コウシュイジー よだれ鶏…68
蒼蠅頭 ツァンイントウ にんにくの芽とひき肉の豆豉炒め…70
蘿蔔糕 ルゥオブォガオ 大根もち…72
芹菜炒透抽 チンツァイチャオトウチョウ いかとセロリの炒め物…74
豆苗蝦仁 ドウミャオシァレン 豆苗とえびの炒め物…75
蚵仔煎 オアチェン 牡蠣のオムレツ…76
糖醋魚片 タンツーユーピェン 白身魚の甘酢あん…77
茶葉蛋 チャイェダン 台湾風味付け卵…78
蕃茄炒蛋 ファンチェチャオダン トマトと卵の炒め物…79
三杯雞 サンベイジー 鶏肉とバジルの煮込み…80
魚香茄子 ユイシァンチェズ 茄子とひき肉の炒め煮…81
菜脯蛋 ツァイブーダン 干し大根のオムレツ…82
炒青菜 チャオチンツァイ 空芯菜炒め…83
清蒸魚 チンジェンユー 白身魚の香味蒸し…84
鹹酥雞 シェンスージー 台湾風鶏の唐揚げ…85
涼拌小黃瓜 リャンバンシャオファングァ きゅうりのピクルス…86

六章 鍋

酸白菜鍋 スァンバイツァイグオ 発酵白菜鍋…88

麻辣火鍋 マーラーフォグオ 辛味鍋…90

砂鍋獅子頭 シャーグオシーズートウ 肉団子と白菜の鍋…92

七章 甜

冰豆花 ビンドウファ 冷たい豆乳プリン…94

熱豆花 ルァドウファ 温かい豆乳プリン…96

芒果雪花冰 マングオシュエファビン マンゴーかき氷…98

黑糖冰 ヘイタンビン 黒砂糖かき氷…100

愛玉子 オーギョーチー オーギョーチー…101

湯圓 タンユェン 白玉団子スープ…102

燒麻糬 シャオモァチー ピーナッツとごまのお餅…103

芝麻球 ヂーマーチゥ ごま団子…104

鳳梨酥 フォンリースー パイナップルケーキ…105

珍珠奶茶 ヂェンヂュナイチャ タピオカミルクティー…106

西瓜汁 シーグァジー すいかジュース…108

芒果優酪乳 マングオヨウラオルー マンゴーヨーグルト…109

木瓜牛奶 ムーグァニュウナイ パパイヤミルク…110

酪梨香蕉牛奶 ラオリーシァンジャオニュウナイ アボカドとバナナのスムージー…111

本書のきまり

- 材料表に記した分量は下記の通りです。
  大さじ1＝15ml／小さじ1＝5ml／1カップ＝200ml
- 水分量は基本的にmlで表記していますが、少しの分量の違いで仕上がりが変わるレシピについては重量（g）で表記しています。
- オーブンの加熱時間は目安です。メーカーや機種によって異なる可能性があるので、様子を見ながら調整してください。

一章

飯

台湾グルメの定番、魯肉飯《ルーロウファン》と鶏肉飯《ジーロウファン》。
小ぶりなお茶碗に盛られた姿に華やかさはありませんが、
食べてみると台湾らしい美味しさに魅了されます。
朝ごはんによく食べられる具だくさんのおかゆや、
旅のおともに大人気の駅弁もご紹介します。

魯肉飯《ルーロウファン》

台湾の食堂でよく見かける定番のごはん。
細かく刻んだ豚肉を干ししいたけと調味料で煮て、
白いごはんの上にのせます。
食べごたえを出すために、豚ひき肉ではなく
豚バラかたまり肉を角切りにして使用します。
味のポイントは干ししいたけの旨みと五香粉《ウーシャンフェン》。
このふたつを加えるだけで、台湾の味が再現できます。

豚肉としいたけの煮込みのっけごはん

材料－4人分

豚バラかたまり肉…300g
干ししいたけ…4枚（15g）
玉ねぎ…1/2個（100g）
にんにく（薄切り）…2片分
A
- しょうゆ…大さじ2
- 酒…大さじ2
- 砂糖…大さじ2
- 五香粉…小さじ1

ごま油…大さじ1
ごはん…4杯分
ゆで卵…2個
パクチー（ざく切り）…適量
たくあん（細切り）…40g

作り方

1 豚バラかたまり肉は1.5cm角に切る。干ししいたけは300mlの水でもどし（P5参照）、石づきを取って1cm角に切る（もどし汁はとっておく）。玉ねぎはみじん切りにする。
2 鍋にごま油を熱し、にんにくを入れて弱火で香りが出るまで炒める。玉ねぎを加えて中火でしんなりするまで炒め、豚肉と干ししいたけを加えて肉の色が変わるまで炒める。
3 Aとしいたけのもどし汁150mlを加えて煮立て、ふたをして弱火で20分煮る。ふたを取り、水気をとばしながらさらに中火で10分煮る。
4 器にごはんを盛り、3をかけて半分に切ったゆで卵、パクチー、たくあんを添える。

MEMO 脂身が苦手な方は豚肩ロースかたまり肉もおすすめです。

雞肉飯《ジーロウファン》

鶏肉飯はもともとは台湾南部の嘉義《ジャーイー》の名物ですが、現在では台北でもいろいろなところで見かけます。ごはんの上にやわらかくゆでた鶏むね肉とフライドオニオン、タレがかかったシンプルな料理ですが、食べるとその美味しさに驚きます。炒めた玉ねぎの甘みと鶏肉の皮の旨みが溶けこんだ油が味の決め手です。

鶏肉のっけごはん

材料－2人分

鶏むね肉…1枚(250g)
玉ねぎ…1/4個
A
- しょうゆ…大さじ2
- 砂糖…大さじ1/2
- 塩…小さじ1/2

ごま油…大さじ4
ごはん…2杯分

作り方

1 鶏むね肉は皮を取り、切り込みを入れて厚みを均一にする。皮は細切りにする。玉ねぎはみじん切りにする。

2 鍋に熱湯を沸かし、鶏肉を入れてふたをし、弱めの中火で5分ゆでる。火を止めて冷めるまで置いて余熱で火を通し、手で細かく裂く。

3 フライパンにごま油を熱し、玉ねぎを入れて中火で軽く混ぜながら3～4分揚げ焼きにする。きつね色になったら網じゃくしでキッチンペーパーの上に玉ねぎを取り出す*1。残った油に鶏肉の皮を入れ、全体に焼き色がつくまで焼く*2。火を止めて**A**を加えてさっと混ぜる。

4 器にごはんを盛り、**2**の鶏肉をのせ、**3**の玉ねぎと皮、タレをかける。

MEMO　鶏肉のゆで汁はP47小籠湯包《シャオロンタンバオ》、P58鮮蝦扁食湯《シェンシアビェンシータン》やP66蕃茄蛋花湯《ファンチィダンファータン》などに使用できます。

地瓜粥《ディグァヂョウ》

地瓜はさつまいものこと。
黄色くて甘みのあるさつまいもをお米と一緒に煮た優しいお粥で、
おかずと一緒に食べることを前提としているため、味は薄めです。
肉粥《ロウヂョウ》よりももったりと仕上げるため、白米を使用しています。
台湾のさつまいもに色や味が近い安納芋を使用するのもおすすめです。

さつまいものおかゆ

材料－2人分

白米…1合(150g)
さつまいも…1本(250g)
A ［ 水…800ml
　 　塩…小さじ1/2

作り方

1 白米は洗ってざるにあげておく。さつまいもは皮をむいて2～3cm角に切り、さっと水に浸けて水気をきる。
2 鍋にAと1を入れて中火にかける。沸騰したらふたをして20分煮る。

肉粥《ロウヂョウ》

具は少なめで、干しえびのだしが効いた
たっぷりのスープに入ったごはんは
雑炊のようにサラサラとしています。
本来お粥は米から煮ますが、本書ではサラサラ感を
出すため、炊いたごはんを使用しました。
ごはんを加えたあとは煮過ぎず、
スープの透明感を保つように仕上げます。

豚肉と干しえびのおかゆ

材料－2人分

干しえび…大さじ1(5g)
豚こま切れ肉…50g
A 長ねぎ(みじん切り)…1/4本分
  しょうゆ…小さじ1
  塩…小さじ1/2
ごま油…大さじ1
ごはん…200g
フライドオニオン(MEMO参照)…適量

作り方

1 干しえびはぬるま湯に20分浸けてもどし、粗みじん切りにする。もどし汁に600mlになるように水(分量外)を足す。
2 鍋にごま油を熱し、豚こま切れ肉と干しえびを入れて中火で肉の色が変わるまで炒める。水を足した干しえびのもどし汁を加え、沸騰したらアクを取る。
3 Aとごはんを加え、中火で5分ほど煮る。
4 器に盛り、フライドオニオンをのせる。

MEMO フライドオニオンは市販のものか、下記で作ったものを使用してください。[フライドオニオンの作り方]:玉ねぎ1/4個(50g)をみじん切りにし、熱したごま油100mlできつね色になるまで3〜4分揚げる(台湾ではフライドオニオンは油葱酥《ヨウツォンスー》と呼ばれ、エシャロットを使用しますが、玉ねぎで代用しています)。

飯糰《ファントゥアン》

肉鬆《ロウソン》と呼ばれる豚肉のデンブや油條《ヨウティアオ》と呼ばれる揚げパン、
卵焼き、ザーサイや漬け物などが
もち米で包まれた具だくさんおにぎり。
屋台や食堂、コンビニなどでも売られています。
白いもち米で作られているものがほとんどですが、
台湾では紫米と呼ばれる黒米で作ったものもあり、
色がきれいで食感も楽しいです。

黒米の巻きおにぎり

材料 – 2人分

豚ひき肉…100g

A
- しょうゆ…大さじ1
- 砂糖…大さじ1
- 五香粉…小さじ1/4

ごま油…大さじ1

卵…1個

B
- 牛乳…大さじ1
- 砂糖…小さじ1/2
- 塩…少々

米油…小さじ1

ザーサイ(細切り)…30g

黒米入りもち米ごはん(MEMO参照)…400g

*1

作り方

1. フライパンにごま油を熱し、豚ひき肉を入れて中火で色が変わるまで炒める。Aを加えて水分がなくなるまで炒める。
2. ボウルに卵を溶き、Bを加えて混ぜる。卵焼き器に米油を熱し、卵液を加えて両面を焼いて厚めの薄焼き卵を作る。粗熱がとれたら半分に切る。
3. ラップの上にごはんを広げ、2と1、ザーサイをのせて具材が見えなくなるようにラップで包む*1。

MEMO [黒米入りもち米ごはんの炊き方]:もち米…2合、黒米…大さじ2(30g)、水…400ml
炊飯器にといだもち米、黒米、水を入れて普通に炊く(もち米は吸水率が高いため、浸水時間は不要です)。

排骨便當《パイグービェンダン》

台北駅などで売られている駅弁で人気の排骨便當。台湾風味に味付けされた大きなトンカツ、ゆで卵、漬け物や季節の野菜を炒めたものなどがごはんの上にのっています。トンカツは骨付き肉に地瓜粉《ディグアフェン》というタピオカ粉をまぶして揚げますが、本書ではトンカツ用の豚ロース肉と片栗粉で代用しています。

台湾風トンカツ弁当

材料－2人分

豚ロース肉（トンカツ用）…2枚
片栗粉…大さじ2
キャベツ…100g
にんじん…1/4本
塩…小さじ1/2
ごま油…大さじ2
ごはん…2杯分
茶葉蛋（P78参照）…1個
高菜漬け（細切り）…適量

A
しょうゆ…大さじ2
酒…大さじ2
砂糖…大さじ1
五香粉…小さじ1
黒こしょう…少々

作り方

1 豚ロース肉は筋を切り、ラップをのせて麺棒などで叩いて薄くのばし、表面に片栗粉をまぶす。キャベツはざく切り、にんじんはいちょう切りにする。フライパンにごま油大さじ1を熱し、豚肉を入れて中火で両面に焼き色がつくまで焼く。**A**を加え、とろみがつくまで焼く。

2 別のフライパンにごま油大さじ1を熱し、キャベツ、にんじんを加えて中火で炒め、塩を加えて味をととのえる。

3 弁当箱にごはんを盛り、**1**、**2**と半分に切った茶葉蛋、高菜漬けをのせる。

雞腿便當《ジートゥイビェンダン》

排骨便當と同様に人気のある駅弁の一つです。
こちらは骨付きの鶏もも肉が丸ごと一本のっています。
本書では骨なしの鶏もも肉を使用しています。
台北駅をはじめ、いろいろな駅で売られていて、
付け合わせは駅によって異なり、
パプリカ、ブロッコリー、かぼちゃなど
鮮やかな色の野菜が入っていることもあります。

台湾風鶏もも肉弁当

材料－2人分

鶏もも肉…2枚(600g)
片栗粉…大さじ2
キャベツ…100g
パプリカ(赤・黄)…各1/4個
塩…小さじ1/2
ごま油…大さじ2
ごはん…2杯分
茶葉蛋(P78参照)…1個
きゅうりの漬け物…適量

A
- しょうゆ…大さじ2
- 酒…大さじ2
- 砂糖…大さじ1
- 五香粉…小さじ1
- 黒こしょう…少々

作り方

1 鶏もも肉は切り込みを入れて厚みを均一にし、表面に片栗粉をまぶす。キャベツはざく切り、パプリカは細切りにする。

2 フライパンにごま油大さじ1を熱し、鶏もも肉を皮を下にして入れ、弱めの中火で10分ほど焼く。裏返して5分焼き、Aを加えて両面にからめる。

3 別のフライパンにごま油大さじ1を熱し、キャベツ、パプリカを加えて中火で炒め、塩を加えて味をととのえる。

4 弁当箱にごはんを盛り、2、3と半分に切った茶葉蛋、きゅうりの漬け物をのせる。

台湾風おこわ

材料－2人分

- もち米…2合(280g)
- 干ししいたけ…6枚
- 干しえび…大さじ1(5g)
- 豚こま切れ肉…100g
- A
  - しょうゆ…大さじ2
  - 砂糖…大さじ2
  - 酒…大さじ2
  - 五香粉…小さじ1
- ごま油…大さじ1
- 茶葉蛋(P78参照)…1個
- パクチー(ざく切り)…適量
- フライドオニオン(MEMO参照)…適量

作り方

1. もち米はといでざるにあげる。
2. 干ししいたけはひたひたの水でもどし(P5参照)、石づきを落として薄切りにする。干しえびはぬるま湯に20分浸し、水気をきって粗みじん切りにする。干しえびのもどし汁は300mlになるように水(分量外)を足す。
3. フライパンでごま油を熱し、豚こま切れ肉を入れて中火で色が変わるまで炒める。**2**の干ししいたけ、干しえびを加えて炒め、**A**を加えてさっと炒め、粗熱をとる。
4. 炊飯器に**1**を入れ、**3**をのせて水を足した干しえびのもどし汁を注いで炊く。
5. 器に盛り、半分に切った茶葉蛋、パクチー、フライドオニオンをのせる。

MEMO フライドオニオンは市販のものか、P15の作り方を参照してください。

油飯《ヨウファン》

油飯という名前からは油っぽいイメージがわきますが、甘辛く煮た豚肉と干ししいたけがたっぷりと入った中華おこわです。五香粉《ウーシャンフェン》が入ることで台湾らしい味わいになります。男の子の生後一ヶ月のお祝いのお返しに配られる縁起物でもあります。

二章

麺

台湾にはたくさんの種類の麺料理があり、数多くの専門店があります。
具はシンプルに1〜2種類、タレは台湾らしい独特な味付けですが、
どれも日本で売られている調味料で簡単に作ることができます。
麺の種類はうどんのような太いものから素麺のように細いものなどさまざまで、
それぞれ日本の市販の麺で最も近いものを使用しています。

牛肉麺《ニウロウミェン》

かたまりの牛肉を煮込んだ台湾の代表的な麺料理。
牛肉は台湾では牛すね肉を使っていることが多いです。
台湾ではスーパーなどで売っている滷包《ルーパオ》という
八角や花椒などのスパイスを入れた小さな袋を
加えて作りますが、ここでは入っている
スパイスが近い五香粉を使用します。

台湾風牛肉ラーメン

材料 − 4人分

牛すね肉…600g
にんにく…1片
しょうが…1片
水…1.2ℓ
うどん…4玉
高菜漬け(ざく切り)…適量
パクチー (ざく切り)…適量
ごま油…大さじ1

A
- しょうゆ…大さじ4
- 酒…大さじ3
- 砂糖…大さじ2
- ケチャップ…大さじ2
- 豆板醤…大さじ1
- 五香粉…小さじ1

作り方

1. 牛すね肉は5cm幅に切る。にんにく、しょうがは皮をむいて包丁の腹でつぶす。
2. 厚手の鍋にごま油を熱し、にんにく、しょうがを加えて弱火で香りが出るまで炒める。牛肉を加えて中火で表面に焼き色がつくまで焼き、**A**を加えてさっと炒める。
3. 水を加えて火を強め、沸騰したらアクを取り、ふたをして弱めの中火で牛肉がやわらかくなるまで1時間半〜2時間煮る。
4. 別の鍋にたっぷりの湯を沸かし、うどんをパッケージの表示時間通りにゆでる。
5. 器にうどんを盛り、**3**の煮汁を注ぎ、牛肉をのせ、高菜漬け、パクチーを添える。

MEMO 本書では水分が蒸発しにくい厚手の鋳鉄ホーロー鍋を使用しています。他の鍋を使用する場合、スープを味見して濃いようであれば水を足してください。

炸醤麺《ジャージャンミェン》

肉味噌がのった麺料理。麺は中華麺よりも太く、つるつるとしてややこしがあるうどんに近い食感です。

台湾では具材はあまりなく、肉味噌だけか、きゅうりや青ねぎが添えられています。

麺は温かいまま盛りますが、暑い時期は冷水で冷やしても美味しいです。

ジャージャン麺

材料－2人分

干ししいたけ…2枚
ゆでたけのこ…100g
にんにく(みじん切り)…1片分
豚ひき肉…150g
A
- 甜麺醤…大さじ2
- しょうゆ…大さじ1
- 酒…大さじ1

水溶き片栗粉…(片栗粉：小さじ1、水：小さじ2)
ごま油…大さじ1
うどん(細め)…2玉
青ねぎ(小口切り)…30g

作り方

1 干ししいたけは200mlの水でもどし(P5参照)、5mm角に切る(もどし汁はとっておく)。ゆでたけのこは5mm角に切る。
2 フライパンにごま油を熱し、にんにくを入れて香りが出るまで炒める。豚ひき肉、**1**を加え、肉の色が変わるまで中火で炒め、**A**を加えて混ぜる。干ししいたけのもどし汁100mlを加えて煮立て、水溶き片栗粉を加えてとろみをつける。
3 うどんをパッケージの表示通りにゆでてざるにあげ、水気をきる。
4 器にうどんを盛り、**2**をかけて青ねぎをのせる。

MEMO 甜麺醤がない場合は、みそ大さじ2と砂糖大さじ1/2を混ぜたもので代用できます。

涼麵《リァンミェン》

ストレートの中華麺にきゅうりとごまダレがかかった麺料理で、専門店では味噌汁と一緒に提供されます。お店のテーブルにはラー油とわさびが置かれていて、好みでつけていただきます。見た目はシンプルですが、にんにくが効いたタレの美味しさにはまる人が多いです。台湾ではピーナッツを使った料理が多く、こちらの料理の隠し味にもピーナッツバターを使用しています。

台湾風冷やし中華

材料－2人分

中華麺(ストレート)…2玉
きゅうり…1本
A
- ねりごま…大さじ2
- ピーナッツバター(加糖)…大さじ2
- 水…大さじ2
- しょうゆ…大さじ1
- 酢…大さじ1
- ごま油…大さじ1
- にんにく(すりおろし)…2片分

ラー油…適量
わさび…適量

作り方

1 中華麺は熱湯でパッケージの表示時間通りにゆでてざるにあげ、冷水で洗って水気をきる。きゅうりはせん切りにする。

2 器に1の麺ときゅうりを盛り、混ぜ合わせたAをかける。お好みでラー油とわさびを添える。

麵線《ミェンシェン》

かつおが効いたとろみのあるスープに細麺が入った麺料理。

牡蠣や豚の大腸などの具が入ることもあり、トッピングにパクチーやにんにくを加えます。

本来、烏酢《ウーツー》と呼ばれる調味料を加えますが、味わいの近いウスターソースで代用します。

牡蠣のあんかけ煮麺

材料－2人分

牡蠣…150g

片栗粉…大さじ1

A
- だし汁(かつおだし)…600ml
- しょうゆ…大さじ1
- ウスターソース…大さじ1
- 砂糖…大さじ1/2
- 塩…小さじ1/2

水溶き片栗粉…(片栗粉：大さじ1、水：大さじ2)

そうめん…200g

にんにく(すりおろし)…小さじ1

豆板醤…小さじ1

パクチー(ざく切り)…適量

作り方

1 牡蠣は片栗粉(分量外)をまぶして洗い、キッチンペーパーで水気をふく。表面に片栗粉をまぶし、熱湯で2分ゆでてざるにあげ、水気をきる。

2 鍋にAを入れて沸かし、水溶き片栗粉でとろみをつける。

3 別の鍋にたっぷりの熱湯を沸かし、そうめんを加えて1分半ゆで、ざるにあげて水気をきる。

4 器にそうめんと1の牡蠣を盛り、2のスープを注いで、好みでにんにく、豆板醤、パクチーを添える。

MEMO だし汁はかつお削り節からとったもの、または市販のだしパックを煮出したものを使用してください。

台南風えびそぼろ麺

材料－4人分

えび（無頭・殻付き）…4尾
干しえび…大さじ2（10g）
豚ひき肉…200g
玉ねぎ…1/4個

A
- しょうゆ…大さじ2
- 酒…大さじ1
- 砂糖…大さじ1
- 五香粉…小さじ1

ごま油…大さじ1
もやし…100g
中華麺…2玉
にんにく（すりおろし）…2片分
パクチー（ざく切り）…適量

作り方

1 えびは尾を残して殻をむき、背わたを取る。干しえびはぬるま湯に20分浸してもどし、粗みじん切りにする。もどし汁に400mlになるように水（分量外）を足す。玉ねぎはみじん切りにする。

2 鍋にごま油を熱し、豚ひき肉、玉ねぎを入れて肉の色が変わるまで中火で炒め、**A**を加えてさっと炒める。

3 **2**に**1**の干しえびと水を足したもどし汁を入れて沸かす。

4 別の鍋にたっぷりの湯を沸かし、えびともやしを入れて1分ゆで、ざるにあげて水気をきる。中華麺も熱湯でパッケージの表示時間通りにゆで、ざるにあげて水気をきる。

5 器に麺を入れ、**3**を注ぎ、もやしとえび、にんにくとパクチーをのせる。

擔仔麵《ダンツーミェン》

台南で有名な麺料理。干しえびの風味のスープにえびや豚ひき肉の具材やおろしにんにくがのっていて、濃いめの味付けです。台湾では小さめのお碗で提供されるため4人分としていますが、昼ごはんのメインなどに食べる場合は2人分の量です。

擔擔麵

ダンダンミェン

もともとは中国四川地方の料理ですが、
台湾でもレストランや専門店などで人気のメニューです。
担はかつぐという意味で、担《かつ》いで運ぶ麺料理のメニューで、汁はないのが主流です。
麺は中華麺よりもうどんに近く、稲庭うどんなど細めのものがおすすめです。
ゆでたうどんは熱々のまま器に盛り、くっつかないうちによく混ぜ、
タレと麺だけのシンプルな美味しさを味わってみてください。

担々麺《たんたんめん》

材料－2人分

A
- ねりごま(白)…大さじ2
- しょうゆ…大さじ2
- ごま油…大さじ2
- 砂糖…大さじ1
- にんにく(すりおろし)…2片分
- 花椒粉…少々
- 一味唐辛子…少々

- うどん…2玉
- 青ねぎ(小口切り)…大さじ4
- すりごま(白)…60g

作り方

1. 鍋にAを入れて中火にかけ、沸騰したら火から下ろして冷ます。
2. 別の鍋にたっぷりの湯を沸かし、うどんを入れてパッケージの表示時間通りにゆで、ざるにあげて水気をきる。
3. 器に1のタレと青ねぎを入れ、うどんをのせてすりごまをかける。

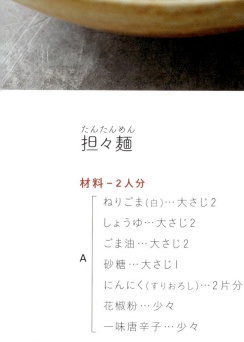

炒米粉《ツァオミーフェン》

米粉《ミーフェン》はビーフンのことで、
台湾では北西部にある新竹《シンチュウ》がビーフンの名産地。
台湾では、麺類は小麦粉で作られた麺と
米から作られたビーフンを選べることも多いです。
炒米粉は炒めたビーフンのことで、焼きそばのようなもの。
豚肉のほか、野菜やきのこなどいろいろな具材が入ります。

焼きビーフン

材料－2人分

干しえび…大さじ1（5g）
玉ねぎ…1/4個（50g）
にんじん…1/4本（50g）
しいたけ…2枚
キャベツ…100g
豚こま切れ肉…100g
ごま油…大さじ1
ビーフン…150g
A
- しょうゆ…大さじ2
- 砂糖…大さじ1
- こしょう…少々

作り方

1 干しえびはぬるま湯に20分浸してもどし、粗みじん切りにする。もどし汁は300mlになるように水（分量外）を足す。玉ねぎ、しいたけは薄切り、にんじんはせん切り、キャベツはざく切りにする。

2 フライパンにごま油を熱し、豚こま切れ肉を入れて色が変わるまで炒める。玉ねぎ、にんじん、しいたけ、キャベツを順に入れてしんなりするまで炒め、ビーフンと1の干しえびともどし汁を加え、4分ほど炒め煮する。

3 Aを加えて混ぜ、汁気がなくなるまで炒める。

MEMO 干しえびが味の決め手ですが、なければえびを刻んで入れても美味しくできます。

三章

粉

この章では水餃子や焼き餃子、小龍包、肉まんなど

小麦粉を使用して作る料理をご紹介します。

日本でも有名なものから、台湾名物の蛋餅《ダンビン》、

胡椒餅《フージャオビン》など種類もさまざま。

生地から作る、できたての美味しさをぜひ味わってみてください。

水餃《シュイジャオ》

台湾では餃子といえば水餃子のことで、焼き餃子は鍋貼《グオティエ》と呼ばれています。
専門店や食堂のほか、夜市でも食べることができます。
本書では、具材は定番の豚肉とキャベツ、にらを使用していますが、
台湾ではえび、ホタテ、さやいんげん、セロリなどいろいろな種類があります。
お好みの具材でお試しください。

水餃子《すいぎょうざ》

材料 – 20個分

［生地］
- A
  - 薄力粉…50g
  - 強力粉…50g
- 水…50g

キャベツ…100g
にら…1/2束(50g)
豚ひき肉…100g
- B
  - しょうゆ…大さじ1/2
  - 酒…大さじ1/2
  - ごま油…大さじ1/2
  - しょうが(すりおろし)…1片分

［タレ］
黒酢…適量
しょうゆ…適量
ラー油…適量

作り方

1 ［生地を作る］ボウルに**A**を入れてはしで混ぜ、水を加えてゴムベラで混ぜる。手でなめらかになるまでよく練り、ラップをして常温で15分休ませる。一度生地を取り出してつやが出てくるまでよく練り、さらに15分休ませる。
2 キャベツ、にらはみじん切りにする。
3 別のボウルに豚ひき肉と**B**を入れてよく混ぜ、キャベツ、にらを加えて混ぜ合わせる。
4 **1**を棒状にのばし、打ち粉をして20等分に切り、直径7cmにのばす*1。
5 生地の中央に**3**を20等分にしてのせ、半分に折り、両手の人差し指と親指で挟んでしっかり押さえて閉じる*2。
6 鍋にたっぷりの湯を沸かし、**5**を入れて中火で5分ゆで、水気をきる。
7 タレは材料を混ぜ合わせて添える。

MEMO ［生地を2回に分けて休ませる理由］：粉と水を混ぜ合わせた直後は生地がなじまず、ベタつきやすいため、一度休ませてからもう一度練ることでなめらかでつやのある生地になります。練ってすぐは生地が落ち着かず成形しにくいため、さらに休ませます。時間は目安なので前後しても構いません。
［あんを包むとき］：手作りの皮の場合は、市販の皮のように水はつけなくてもくっつきますが、作った皮が乾いてしまって閉じにくい場合などは水をつけてください。

*1

*2

鍋貼《グオティエ》

具材を皮で完全に包まず、
真ん中だけを閉じて棒状にします。
包むのが簡単なだけでなく、
焼いているうちに肉汁が溶け出し、
皮に染み込んで美味しくなる効果もあります。
生地を熱湯で練ることでデンプンが糊化し、
もちもちした食感になり、
冷めてもやわらかさを保ちます。

焼き棒餃子

材料－20本分

[生地]

A
- 薄力粉…50g
- 強力粉…50g

熱湯…60g

にら…1/2束(50g)

長ねぎ…1/2本(50g)

豚ひき肉…150g

B
- しょうゆ…大さじ1
- 酒…大さじ1
- ごま油…大さじ1/2
- 砂糖…大さじ1/2
- しょうが(すりおろし)…1片分

ごま油…大さじ1

作り方

1 [生地を作る]ボウルに**A**を入れてはしで混ぜ、熱湯を加えてゴムベラで混ぜる。手でなめらかになるまでよく練り、ラップをして常温で15分休ませる。一度生地を取り出してつやが出てくるまでよく練り、さらに15分休ませる。

2 にら、長ねぎはみじん切りにする。

3 別のボウルに豚ひき肉、**B**を入れてよく混ぜ、にら、長ねぎを加えて混ぜ合わせる。

4 **1**を棒状にのばし、打ち粉をして20等分に切り、麺棒で8×7cmの楕円形にのばす。

5 **4**の生地に**3**を20等分にしてのせ、棒状に包んで真ん中を指でつまむ*1。

6 フライパンにごま油を入れて**5**を縦2列に並べ、中火で焼き色がつくまで焼く。水100ml(分量外)を加えてふたをし、水分がなくなるまで7〜8分蒸し焼きにする。

割包《グァバオ》

饅頭《マントウ》と呼ばれる蒸しパンに豚の角煮やパクチー、高菜漬け、ピーナッツを挟んだもので、刈包《グァバオ》とも書きます。もちもちのバンズに甘辛く煮た角煮がよく合い、ピーナッツとパクチーが味のアクセントになります。

台湾風角煮バーガー

材料－4個分

［生地］

A
- 薄力粉…100g
- ベーキングパウダー…小さじ1(3g)
- 砂糖…大さじ1

牛乳…55g

豚バラかたまり肉…100g

B
- 水…大さじ3
- しょうゆ…大さじ2
- 酒…大さじ2
- 砂糖…大さじ2
- 五香粉…小さじ1

ごま油…大さじ1

高菜漬け(細切り)…40g

ピーナッツ(皮なし・粗く砕く*1)…大さじ2

パクチー(ざく切り)…適量

作り方

1 ［生地を作る］ボウルに**A**を入れてはしで混ぜ合わせる。牛乳を加えてゴムベラで混ぜ、手でなめらかになるまでよく練り、ラップをして常温で15分休ませる。一度生地を取り出してつやが出てくるまでよく練り、さらに15分休ませる。

2 **1**を4等分にし、打ち粉をして10×6cmの楕円形にのばす。ごま油適量(分量外)を塗って半分に折り*2、クッキングシートを敷いたせいろに並べる*3。

3 たっぷりの湯を沸かした鍋にせいろをのせ、強火で15分ほど蒸す。

4 豚バラ肉は4等分(約1cm幅)に切る。

5 鍋にごま油を熱し、**4**を入れて中火で両面に焼き色がつくまで焼く。**B**を加えて煮立て、ふたをして弱めの中火で10分ほど煮る。

6 **3**に**5**の豚肉、高菜漬け、ピーナッツ、パクチーを挟む。

*1

*2

*3

台湾風ガレット

材料－2枚分

[生地]

A
- 薄力粉…50g
- 砂糖…大さじ1
- 塩…小さじ1/4

ぬるま湯(40℃)…100g

B
- 卵…2個
- 青ねぎ(小口切り)…大さじ4
- 塩…小さじ1/4

米油…大さじ2

[タレ]

しょうゆ…大さじ1

はちみつ…大さじ1

作り方

1 [生地を作る]ボウルにAを入れて泡立て器で混ぜ、ぬるま湯を加えてさらに混ぜ合わせる。

2 フライパンに米油大さじ1/2を熱し、1の半量を入れて弱火で両面に薄く焼き色がついたら取り出す。もう1枚も同様に焼く。

3 フライパンに米油大さじ1/2を熱し、混ぜ合わせたBの半量を入れて弱火で焼く。卵が半熟状になったら2の生地をのせ*1、卵に火が通ったら取り出して3つ折りにする*2。もう1枚も同様に焼く。

4 タレは材料を混ぜ合わせて添える。

蛋餅《ダンビン》

鹹豆漿《シェントウジャン》と並んで朝食で人気のメニュー。
もっちりとした生地に、
たっぷりの青ねぎ入り卵焼きが挟まれています。
台湾には醤油膏《シャンヨウガオ》という甘くてとろみのあるしょうゆのような
調味料があり、蛋餅にタレとして添えられています。
本書ではしょうゆとはちみつを混ぜ、
味ととろみを再現したタレを添えました。

蔥油餅《ツォンヨウビン》

屋台で人気の軽食で、青ねぎと油を生地の中にたっぷりと練りこんでいるため、生地が層になります。焼きたては外側がサクサク、内側がふわふわの仕上がりになります。タレはつけなくても美味しいですが、好みで砂糖じょうゆやラー油を添えてください。

台湾風ねぎ入りお好み焼き

材料－2枚分

[生地]

A
- 薄力粉…100g
- 強力粉…100g

ぬるま湯(40℃)…120g

B
- 青ねぎ(小口切り)…30g
- ごま油…大さじ1
- 塩…小さじ1/2
- 花椒粉(あれば)…少々

ごま油…大さじ1

作り方

1 [生地を作る]ボウルにAを入れてはしで混ぜ、ぬるま湯を加えてゴムベラで混ぜ合わせ、ラップをして常温で30分休ませる。

2 1を2等分にし、打ち粉をして20×30cmの楕円形にのばす。

3 2の表面に混ぜ合わせたBを広げて手前からくるくると巻き*1、さらに端からうずまき状に巻いて*2、麺棒で直径18cmの円形にのばす*3。もう1枚も同様に成形する。

4 フライパンにごま油大さじ1/2を熱し、3を入れて中火で両面に焼き色がつくまで焼く。もう1枚も同様に焼く。

*1

*2

*3

潤餅《ルンビン》

クレープ生地に野菜たっぷりの具材を包みます。

屋台でも売られていますが、4月の清明節《チンミンジェ》に家族が集まった際に食べる習慣があるそうです。

たっぷりのピーナッツ粉と砂糖が入っているのが特徴ですが、食べやすいように砂糖を省いたアレンジにしました。

台湾風野菜クレープ

材料－4個分

［生地］

A
- 薄力粉…100g
- 砂糖…大さじ2
- 塩…小さじ1/2

水…200ml

もやし…100g
キャベツ…1/6個（200g）
にんじん…1/4本（50g）
豚ひき肉…100g
塩…小さじ1/2
ごま油…大さじ1
スイートチリソース…大さじ2
ピーナッツ（皮なし・粗く砕く）…大さじ2
パクチー（ざく切り）…適量

作り方

1 ［生地を作る］**A**をボウルに入れて泡立て器で混ぜ、水を加えてさらに混ぜる。フライパンに米油（分量外）を薄く引き、生地を1/4量流し入れて弱火で両面に焼き色がつくまで焼く。残りの生地も同様に焼く。

2 もやしは熱湯で1分ゆで、ざるにあげる。キャベツ、にんじんはせん切りにする。

3 別のフライパンにごま油を熱し、豚ひき肉を入れて中火で色が変わるまで炒める。キャベツ、にんじんを加えてしんなりするまで炒め、塩で味をととのえる。

4 **1**の生地にスイートチリソースを塗ってピーナッツを散らし、**2**のもやしと**3**、パクチーをのせて巻く。

焼餅加蛋《シャオビンジャーダン》

鹹豆漿《シェントウジャン》や蛋餅《ダンビン》とともにメニューに並ぶ、朝食で人気のパイのようなパン。生地にごま油を塗って巻いてからのばすことで、パイのような層を作ります。生地だけで食べることもありますが、本書では定番の具材である卵と青ねぎを挟みました。

卵焼き入り中華パン

材料－2個分

［生地］

A
- 薄力粉…100g
- 強力粉…100g
- ベーキングパウダー…小さじ2（6g）

ぬるま湯（40℃）…100g

塩…小さじ1/2

ごま油…小さじ1

B
- 卵…2個
- 塩…小さじ1/4
- 青ねぎ（小口切り）…大さじ4

いりごま（黒・白）…各小さじ1

ごま油…大さじ2

作り方

1 ［生地を作る］ボウルに**A**を入れてはしで混ぜ、ぬるま湯を加えてゴムベラで混ぜ合わせる。手でなめらかになるまでよく練り、ラップをして常温で15分休ませる。一度生地を取り出してつやが出てくるまでよく練り、さらに15分休ませる。

2 **1**を2等分にし、打ち粉をして20×25cmの楕円形にのばす。

3 **2**の表面にごま油小さじ1/2を塗り、塩小さじ1/4をふる。手前からくるくると巻き*1、さらに端からうずまき状に巻いて*2、麺棒で直径18cmの円形にのばし、表面にいりごまをふる*3。もう1枚も同様に成形する。

4 フライパンにごま油大さじ1/2を熱し、**3**を入れてふたをして中火で両面に焼き色がつくまで焼く。もう1枚も同様に焼く。

5 ボウルに**B**を入れて混ぜる。フライパンにごま油大さじ1/2を熱し、**B**の半量を入れて火が通るまで焼く。残りも同様に焼く。

6 **4**の上に**5**をのせて3つ折りにする。

*1

*2

*3

胡椒入り焼き肉まんじゅう

材料－4個分

［生地］

A
- 薄力粉…100g
- 強力粉…100g

ぬるま湯（40℃）…100g

ごま油…小さじ1

豚ひき肉…150g

B
- しょうゆ…大さじ1
- 塩…小さじ1/2
- 五香粉…小さじ1/4
- 黒こしょう…小さじ1/4

青ねぎ（小口切り）…50g

ごま油…小さじ2

いりごま（白）…大さじ1

作り方

1 ［生地を作る］ボウルにAを入れてはしで混ぜ、ぬるま湯を加えてゴムベラで混ぜ合わせる。ごま油を加えてさらに混ぜ、手でなめらかになるまでよく練り、ラップをして常温で15分休ませる。一度生地を取り出してつやが出てくるまでよく練り、さらに15分休ませる。

2 別のボウルに豚ひき肉、Bを入れてよく混ぜ、青ねぎを加えて混ぜ合わせる。

3 1を4等分にし、打ち粉をして麺棒で25×15cmの楕円形にのばし、表面にごま油小さじ1/2を塗って手前からくるくると巻く*1。さらに端からうずまき状に巻いて*2直径15cmの円形にのばす*3。残りの生地も同様に成形する。

4 3の中央に2の具材をのせて包む。

5 天板にオーブンシートを敷き、4を閉じ目を下にして置いて、表面にごま油適量（分量外）を塗り、いりごまを散らす。200℃に予熱したオーブンで25分焼く。

胡椒餅《フージャオビン》

屋台や食堂で見かける軽食で、人気店にはいつも行列ができています。
サクサクの生地の中にジューシーで熱々の肉あんが入っていて、
名前の通り、たっぷりのこしょうが入った刺激的な味です。
台湾では窯の側面に貼り付けて焼きますが、
本書ではオーブンで焼いています。

紅油抄手《ホンヨウチャオショウ》

辛いタレがかかった四川風の汁なしワンタン。
「抄手《チャオショウ》」は四川でのワンタンの呼び名で、
台湾でも専門店が多くあります。
見るからに辛そうな真っ赤なタレは、ラー油はもちろん、
花椒粉《ホワジャオフェン》のしびれるような独特な辛さがポイントなので
手に入ればぜひ加えてください。

汁なしワンタンの辛味ソース

材料－2～3人分

豚ひき肉…100g

A
- 長ねぎ(みじん切り)…1/4本分
- しょうが(みじん切り)…1片分
- 塩…小さじ1/4

ワンタンの皮…20枚

B
- ごま油…大さじ2
- しょうゆ…大さじ1/2
- 砂糖…小さじ1
- 花椒粉…小さじ1/4
- ラー油…小さじ2

パクチー(ざく切り)…適量

作り方

1 ボウルに豚ひき肉、Aを入れてよく混ぜ合わせる。

2 ワンタンの皮に1を適量のせ*1、端に水をつけて三角形に包み*2、両端を重ねて留める*3。

3 鍋にたっぷりの湯を沸かし、2のワンタンを入れて中火で2～3分ゆでる。

4 水気をきって器に盛り、混ぜ合わせたBをかけ、パクチーを添える。

小籠湯包《シャオロンタンバオ》

台湾グルメの代表格。専門店だけでなく、
食堂や屋台などあらゆるお店のメニューにあります。
おうちで作るのは難しそうですが、意外と簡単です。
ゼラチンで固めた鶏のブイヨンを肉種に混ぜることで、
温まると肉汁と一緒に溶けてスープがあふれ出ます。

小籠包《しょうろんぽう》

材料－16個分

鶏がらスープ(MEMO1参照)…100ml
塩…小さじ1/4
粉ゼラチン…10g
水…大さじ2

［生地］
A
- 強力粉…75g
- 薄力粉…25g
- 砂糖…大さじ1/2
- 塩…小さじ1/4

ぬるま湯(60℃)(MEMO2参照)…55g

豚ひき肉…100g
B
- しょうゆ…大さじ1
- 酒…大さじ1
- 黒こしょう…少々

長ねぎ(みじん切り)…1/4本分
しょうが(みじん切り)…1片分

［タレ］
黒酢…適量
しょうゆ…適量
しょうが(せん切り)…適量

作り方

1 鶏がらスープと塩を鍋に入れて沸かし、水でふやかした粉ゼラチンを加えて溶かす。耐熱容器に入れ、粗熱がとれたら冷蔵庫で2時間ほど冷やす。

2 ［生地を作る］ ボウルに**A**を入れて混ぜ、ぬるま湯を加えてゴムベラで混ぜる。手でなめらかになるまでよく練り、ラップをして常温で15分休ませる。一度生地を取り出してつやが出てくるまでよく練り、さらに15分休ませる。

3 豚ひき肉、**B**を別のをボウルに入れてよく混ぜる。**1**をみじん切りにし、長ねぎ、しょうがとともにボウルに加えて混ぜ合わせる*1。

4 **2**を棒状にのばし、打ち粉をして16等分に切り、麺棒で直径6〜7cmの円形にのばす。**3**を16等分にしてのせ、ひだをよせながら包み*2、クッキングシートを敷いたせいろに並べる。

5 たっぷりの湯を沸かした鍋にせいろをのせ、強火で6分蒸す。

6 タレは、黒酢としょうゆを混ぜ合わせ、しょうがを添える。

MEMO

1.鶏がらスープ：鶏がらスープは下記の方法で作るか、P13の鶏肉飯、P69の口水鶏の鶏のゆで汁を使用してください。市販の鶏がらスープの素(顆粒)を使用する場合は、小さじ1を水100mlに加えて使用し、材料から塩を省いてください。[鶏がらスープの作り方(作りやすい分量)]：鍋に水800mlと鶏手羽先5〜6本を入れて火にかけ、沸騰したらアクを取り、弱火でふたをして30〜40分煮る。

2.60℃のぬるま湯を使う理由：小籠包は餃子などと違い、スープをためられる生地にする必要があります。小麦粉を水で練るとグルテンにより弾力が出て、熱湯で練るとデンプンが糊化してもちもちした粘性を持つ生地になります。デンプンが糊化をはじめる温度である60℃の湯を使用することで、デンプンの糊化とグルテンの形成の両方の特性を持たせることができ、中に液体をためるのに適した粘弾性を持たせることができます。温度計がない場合は、熱湯と常温の水を同量混ぜると約60℃になります。

*1

*2

生煎包《シォンジェンバオ》

台湾の夜市で人気の軽食。
もともとは生煎饅頭《シェンジェンマントウ》と呼ばれる上海料理で、
小さめの肉包《ロウバオ》(肉まん)の底を鉄板で焼いて仕上げます。
日本では「焼き小籠包」と呼ばれることが多く、
カリカリに焼かれた底側の食感ともちもちの皮の
中からあふれる肉汁が楽しめます。

焼き小籠包

材料－12個分

[生地]

A
- 薄力粉…50g
- 強力粉…50g
- ベーキングパウダー…小さじ1(3g)
- 砂糖…大さじ1

水…50g

干ししいたけ…2枚
長ねぎ…1/2本
豚ひき肉…150g

B
- しょうゆ…大さじ1
- 酒…大さじ1

ごま油…大さじ1

[トッピング]
青ねぎ(小口切り)…大さじ2
いりごま(白)…小さじ1

作り方

1 [生地を作る]ボウルにAを入れてはしで混ぜ、水を加えてゴムベラで混ぜる。手でなめらかになるまでよく練り、ラップをして常温で15分休ませる。一度生地を取り出してつやが出てくるまでよく練り、さらに15分休ませる。

2 干ししいたけはひたひたの水でもどし(P5参照)、石づきを落として粗みじん切りにする。長ねぎはみじん切りにする。

3 別のボウルに2と豚ひき肉、Bを入れてよく混ぜ合わせる。

4 1を棒状にのばし、打ち粉をして12等分に切り、直径10cm程度の円形にのばす。3を12等分にして皮の中央にのせて包む*1。

5 フライパンにごま油を熱し、4を閉じたほうを上にして並べ*2、強火で3分ほど焼く。焼き色がついたら水100ml(分量外)を加えてふたをし、中火で6分蒸し焼きにする。器に盛り、青ねぎといりごまを散らす。

*1

*2

肉包《ロウバオ》

日本でもおなじみの肉まん。
小麦粉の生地で作る、具を包んだ蒸し料理を包子《パオズ》と呼びます。
中国の伝統的な天然酵母を使った麺種、
「老麺《ラオミエン》」に、発酵を安定させるためベーキングパウダーなどの
膨張剤を組み合わせて作られることが多いのですが、
本書では発酵いらずで誰でも失敗なく作れるように
ベーキングパウダーのみで作る手軽な方法を紹介しています。

肉まん

材料－4個分

[生地]

A
- 薄力粉…100g
- ベーキングパウダー…小さじ1（3g）
- 砂糖…大さじ1

牛乳…55g

干ししいたけ…2枚

長ねぎ…1/2本（50g）

豚ひき肉…60g

B
- しょうゆ…大さじ1/2
- 酒…大さじ1/2
- 塩…小さじ1/4
- 黒こしょう…少々

作り方

1 [生地を作る]ボウルに**A**を入れてはしで混ぜ、牛乳を加えてゴムベラで混ぜる。手でなめらかになるまでよく練り、ラップをして常温で15分休ませる。一度生地を取り出してつやが出てくるまでよく練り、さらに15分休ませる。

2 干ししいたけはひたひたの水でもどし（P5参照）、石づきを落として粗みじん切りにする。長ねぎはみじん切りにする。

3 別のボウルに豚ひき肉、**B**を入れてよく混ぜ、**2**を加えて混ぜ合わせる。

4 **1**を4等分にし、打ち粉をして麺棒で直径10cm程度の円形にのばす。

5 **3**を4等分にし、**4**の生地でひだを寄せながら包み*1、クッキングシートを敷いたせいろに並べる*2。

6 たっぷりの湯を沸かした鍋にせいろをのせ、強火で12分蒸す。

高麗菜包《ガオリーツァイバオ》

台湾では健康志向や宗教上の理由で国民の10%程度が菜食主義者であり、「素食《スーシー》」と呼ばれる菜食料理がよく食べられています。包子も肉、魚介類、乳製品を使わない素食包子が人気で、高麗菜包《ガオリーツァイバオ》、酸菜包《スァンツァイバオ》もその一つです。

キャベツまん

材料－4個分

［生地］

A
- 薄力粉…100g
- ベーキングパウダー…小さじ1（3g）
- 砂糖…大さじ1

水…45g

干ししいたけ…2枚
春雨…10g
キャベツ…60g
しょうゆ…大さじ1/2
ごま油…大さじ1

作り方

1 ［生地を作る］ボウルに**A**を入れてはしで混ぜ、水を加えてゴムベラで混ぜる。手でなめらかになるまでよく練り、ラップをして常温で15分休ませる。一度生地を取り出してつやが出てくるまでよく練り、さらに15分休ませる。

2 干ししいたけはひたひたの水でもどし（P5参照）、石づきを落としてみじん切りにする。春雨はぬるま湯に15分浸けてもどし、2cm幅に切る。キャベツはみじん切りにする。

3 フライパンにごま油を熱し、**2**を入れてキャベツがしんなりするまで炒め、しょうゆで味をととのえる。

4 **1**を4等分にし、打ち粉をして麺棒で直径10cmの円形にのばす。

5 **3**の粗熱がとれたら4等分にして**4**の生地の中央にのせて包み*1、ひだを寄せて*2クッキングシートを敷いたせいろに並べる。

6 たっぷりの湯を沸かした鍋にせいろをのせ、強火で12分蒸す。

*1

*2

酸菜包《スァンツァイバオ》

酸菜《スァンツァイ》は漬け物のことで、このメニューでは高菜漬けを使用しています。台湾では高菜漬けは炒め物やスープ料理などによく使われる食材で、そのままだと塩気が強いため、塩抜きをしてから使用します。野沢菜やザーサイでも代用できます。

高菜漬けまん

材料－4個分

［生地］

A
- 薄力粉…100g
- ベーキングパウダー…小さじ1（3g）
- 砂糖…大さじ1

水…45g

高菜漬け…100g

作り方

1 ［生地を作る］ボウルに**A**を入れてはしで混ぜ、水を加えてゴムベラで混ぜる。手でなめらかになるまでよく練り、ラップをして常温で15分休ませる。一度生地を取り出してつやが出てくるまでよく練り、さらに15分休ませる。

2 高菜漬けは水に浸けて絞って塩抜きをし、粗みじん切りにする。

3 **1**を4等分にし、打ち粉をして麺棒で直径10cmの円形にのばす。

4 **2**を4等分にして**3**の生地でひだを寄せながら包み、クッキングシートを敷いたせいろに並べる。

5 たっぷりの湯を沸かした鍋にせいろをのせ、強火で12分蒸す。

あんまん

材料－4個分

［生地］

A
- 薄力粉…100g
- ベーキングパウダー…小さじ1（3g）
- 砂糖…大さじ1

牛乳…55g

つぶあん…120g

作り方

1 ［生地を作る］ボウルにAを入れてはしで混ぜ、牛乳を加えてゴムベラで混ぜる。手でなめらかになるまでよく練り、ラップをして常温で15分休ませる。一度生地を取り出してつやが出てくるまでよく練り、さらに15分休ませる。

2 1を4等分にし、打ち粉をして麺棒で直径10cmの円形にのばす。

3 つぶあんを4等分にし、2の生地で包み、閉じ目を下にしてクッキングシートを敷いたせいろに並べる。

4 たっぷりの湯を沸かした鍋にせいろをのせ、強火で12分蒸す。

MEMO つぶあんにねりごま（黒）大さじ1を混ぜ合わせ、黒ごまあんにするのもおすすめです。

豆沙包《ドウシャバオ》

生地の中につぶあんを包んで蒸したあんまんです。肉包《ロウバオ》との違いが見た目でわかるように、閉じ目を下にして蒸します。

四章

湯

ごはんものや麺類のお店のメニューに必ずある「湯（スープ）」。
朝ごはんで大人気の鹹豆漿《シェンドウジャン》は
簡単で美味しいので、ぜひ試してほしいメニューです。
台湾のスープは鶏肉や豚肉を煮込んだ「だし」を使うことが多く、
滋味深くてじんわりと体に染みる優しい味です。

鹹豆漿《シェンドウジャン》

行列店も多くあるほど朝食で人気のスープ。
熱い豆乳が酢を加えることで分離し、
おぼろ豆腐のようなふわふわのスープになります。
台湾では油條《ヨウティアオ》という揚げパンをのせますが、
フランスパンで代用しています。
豆乳は豆腐ができる無調整豆乳がおすすめです。

台湾風おぼろ豆腐スープ

材料－2人分

桜えび(乾燥)…大さじ2(3g)

A
- 無調整豆乳…400ml
- しょうゆ…小さじ1
- 塩…小さじ1/4

ザーサイ(細切り)…大さじ1(10g)

酢…大さじ2

パクチー(ざく切り)…適量

青ねぎ(小口切り)…適量

ラー油…適量

フランスパン…4cm程度

作り方

1 鍋に桜えびを入れ、中火にかけて香りが出るまで乾煎りする。

2 Aを加えて沸騰直前まで温め、ザーサイを加えて軽く混ぜ、器に注ぎ、酢を加える。

3 好みでパクチー、青ねぎ、ラー油と、一口大に切ったフランスパンを加える。

鮮蝦扁食湯《シェンシアビェンシータン》

ぷりぷりとしたえびが入ったワンタンスープ。
ワンタンは地域によりいろいろな呼び名がありますが、
古くから扁食《ビェンシー》と呼ばれ、台湾では専門店も多くあります。
脂身の多い豚ひき肉と混ぜてあんを作ることで
えびがパサパサせずに弾力を保つことができます。
ワンタンの包み方さえマスターすれば、ゆで時間が少ないので
あっという間にできる簡単なスープです。

えびワンタンスープ

材料 – 2人分

むきえび…4尾(正味60g)
豚ひき肉…50g
A［片栗粉…小さじ1
　塩…小さじ1/4
ワンタンの皮…10枚
鶏がらスープ(MEMO参照)…600ml
塩…小さじ3/4
パクチー(ざく切り)…適量

作り方

1 えびは1cm幅に切る。ボウルにえびと豚ひき肉、**A**を入れてよく混ぜ合わせる。
2 ワンタンの皮に**1**を適量のせ、端に水をつけて三角形に包み、両端を重ねて留める(P45参照)。
3 鍋に鶏がらスープを入れて温め、塩で味をととのえる。
4 別の鍋にたっぷりの熱湯を沸かし、**2**のワンタンを入れて3〜4分ゆでる。
5 水気をきって器に盛り、**3**のスープを注いでパクチーを添える。

MEMO 鶏がらスープ…鶏がらスープは下記の方法で作るか、P13の鶏肉飯、P69の口水鶏の鶏のゆで汁を使用してください。市販の鶏がらスープの素(顆粒)を使用する場合は、大さじ1・1/2を水600mlに加えて使用し、材料から塩を省いてください。[鶏がらスープの作り方(作りやすい分量)]:鍋に水800mlと鶏手羽先5〜6本を入れて火にかけ、沸騰したらアクを取り、弱火でふたをして30〜40分煮る。

酸辣湯《スァンラータン》

名前の通り、酸味と辛味があり、
とろみのついた定番のスープ料理。
具だくさんで食べごたえがあり、
子どもも食べやすい優しい味わいです。
黒酢は風味が飛ばないように
後から加えます。
豚肉から旨みが出るので、
鶏がらスープなどは使用せず、
最低限の調味料で仕上げます。

サンラータン

材料－2人分

- 絹ごし豆腐…1/2丁(150g)
- にんじん…1/4本(50g)
- しいたけ…2枚
- 豚ひき肉…100g
- 水…400ml
- 塩…小さじ1
- 水溶き片栗粉…(片栗粉：大さじ1/2、水：大さじ1)
- 卵…1個
- 黒酢…大さじ1
- ごま油…大さじ1
- ラー油…適量

作り方

1 豆腐は1.5cm角に切る。にんじんはせん切り、しいたけは石づきを落として薄切りにする。

2 鍋にごま油を熱し、豚ひき肉とにんじんを入れて炒める。肉の色が変わったら水を加えて煮立て、アクを取る。豆腐としいたけを加えてふたをし、弱火で5分煮る。

3 塩を加えて味をととのえ、水溶き片栗粉でとろみをつける。

4 溶きほぐした卵を回し入れ、ふわっと浮いてきたら火を止め、黒酢を加える。器に盛ってラー油をたらす。

魚丸湯《ユーワンタン》

台湾の食堂でよく見かける魚のつみれが入ったスープです。
鯛などの白身魚にラードや片栗粉、調味料を加えて作りますが、
本書ではラードの代わりにごま油を使用し、
ふわふわに仕上げるため豆腐を加えています。
スープは日本人にもなじみのある、
かつおだしの味を感じる優しい薄味です。

魚のつみれスープ

材料－2人分

白身魚(鯛など)…100g

A
- 木綿豆腐…100g
- 片栗粉…大さじ2
- 砂糖…大さじ1/2
- ごま油…大さじ1
- 塩…小さじ1/2
- こしょう…少々

セロリ…1/4本
だし汁(かつおだし)…600ml
塩…小さじ1
パクチー(ざく切り)…適量
ごま油…適量

作り方

1 白身魚は骨と皮を除き、2cm角に切り、フードプロセッサーに入れて撹拌する。なめらかになったら**A**を加えて均一になるまでさらに撹拌する。

2 セロリはみじん切りにする。

3 鍋にだし汁を沸かし、塩で味をととのえる。

4 **1**を一口大に丸め、**3**に入れて中火で3分ゆで、**2**を加えて温める。

5 器に盛り、パクチーをのせて好みでごま油をたらす。

MEMO だし汁はかつお削り節からとったもの、または市販のだしパックを煮出したものを使用してください。

砂肝としょうがのスープ

材料－2人分

砂肝…200g

しょうが(せん切り)…1片分

A
- 水…600ml
- 酒…大さじ1
- 塩…小さじ1/2

作り方

1 砂肝は半分に切り、青白い部分を取り除いて*1半分の厚さに切る。鍋に熱湯を沸かし、砂肝を入れて色が変わるまでゆで、ざるにあげて水気をきる。

2 鍋にAを入れて沸かし、1としょうがを入れてふたをして弱火で15分ほど煮る。

MEMO 砂肝は、青白い筋の部分は硬いので取り除き、一度下ゆですることで臭みを取ります。

下水湯《ハーシュイタン》

名前からは想像がつきませんが、
鶏と豚の数種類の内臓が入ったスープのことです。
台湾では豚の大腸なども入っていますが、
本書では手に入りやすい鶏の砂肝のみを使用しています。

排骨酥湯《パイグースータン》

豚肉の唐揚げと大根を煮たスープ。

ひと手間かかりますが、豚肉を調味料に漬けて揚げてから煮ることで、スープに香ばしさと適度なこってり感が出ます。

野菜は大根のほか、冬瓜や長芋が入っていることもあります。

スープは豚骨や野菜を煮たものをこして作りますが、本書では手軽にできるように豚肉のゆで汁をスープに使用しています。

豚の唐揚げと大根のスープ

材料－2人分

大根…5cm（250g）
豚肉（カレー用）…300g
水…600ml

A
- しょうゆ…大さじ1
- 砂糖…大さじ1
- 酒…大さじ1
- ケチャップ…大さじ1
- 五香粉…小さじ1/2

片栗粉…大さじ3
ごま油…大さじ4
塩…小さじ1/2
パクチー（ざく切り）…適量

作り方

1. 大根は皮をむいて2～3cmの乱切りにする。
2. 鍋に豚肉と水を入れて火にかけ、沸騰したらアクを取り、**1**を加える。ふたをして弱火で10分ほど煮て豚肉だけ取り出し、キッチンペーパーで水気をふいて冷ます。
3. ボウルに**2**の豚肉を入れて**A**を加えて混ぜ、表面に片栗粉をまぶす。
4. フライパンにごま油を熱し、**3**を入れて両面をきつね色になるまで揚げ焼きにする。
5. **4**と塩を**2**のゆで汁に加え、中火で3分ほど煮る。
6. 器に盛り、パクチーを添える。

MEMO 豚肉の唐揚げは煮過ぎるとふやけてしまうため、食べる直前に加えて煮てください。

苦瓜排骨湯《クーグァパイグータン》

豚スペアリブ（骨付きの豚肉）の旨みと
ゴーヤの苦みが溶け出た、食堂では定番のスープです。
台湾のゴーヤは白く短くて太く、日本のものよりも
苦みが控えめです。本書では手に入りやすい緑のゴーヤを
使いますが、そのままだと苦みが強いため、
塩もみし、さらに下ゆでしてから煮ます。

ゴーヤと豚スペアリブのスープ

材料－2人分

豚スペアリブ…300g
塩…小さじ1
砂糖…小さじ1
ゴーヤ…1/2本
A［水…600ml
　 酒…大さじ1
しょうが（薄切り）…1片分

作り方

1 豚スペアリブは塩、砂糖を表面にまぶす。ゴーヤは縦半分に切って種とワタを除き、5mm幅に切る。塩適量（分量外）をふって5分ほどおいてからさっと洗い、たっぷりの熱湯で5分ゆで、ざるにあげて水気をきる。

2 鍋にAと豚肉を入れて火にかけ、沸騰したらアクを取り、ふたをして弱火で20分煮る。ゴーヤ、しょうがを加え、ふたをして10分煮る。

蛤仔湯《ハーマータン》

あさりの旨みがたっぷりと出た、しょうがが香るスープです。
蛤仔《ハーマー》という名前は「はまぐり」のようで、
台湾でもはまぐりと訳されていることもありますが、
大きさ、見た目ともに日本のあさりと似ています。
蛤仔はスープの他に炒め物や麺類などいろいろな料理に使われています。
このスープにゆでた中華麺を加えるのもおすすめです。

あさりとしょうがのスープ

材料－2人分

あさり（砂抜きしたもの）…250g

しょうが（せん切り）…1片分

A［水…600ml
　 酒…大さじ1

塩…小さじ1/2

作り方

1 鍋にあさり、しょうが、**A**を入れて中火にかけ、沸騰したらアクを取る。

2 弱めの中火にし、あさりの口が開くまで煮て、塩で味をととのえる。

MEMO お好みで小口切りにした青ねぎを散らしても。

トマトと卵のスープ

材料－2人分

トマト…1個
鶏がらスープ（P47参照）…400ml
塩…小さじ3/4
水溶き片栗粉（片栗粉：大さじ1/2、水：大さじ1）
卵…1個
パクチー（ざく切り）…適量

作り方

1 トマトはヘタを取り、1～2cm角に切る。
2 鍋に鶏がらスープを入れて煮立たせ、トマトを加え、塩で味をととのえる。再び沸騰させて水溶き片栗粉でとろみをつけ、溶いた卵を少しずつ加える。
3 器に盛り、パクチーを散らす。

蕃茄蛋花湯《ファンチィダンファータン》

蕃茄《ファンチィ》はトマト、蛋《ダン》は卵で、トマトと卵のスープのことです。透き通ったスープもあれば、赤くて濁っているスープもあります。台湾ではトマトをスープや牛肉麺《ニウロウメン》などに入れることがある一方で、フルーツとして認識されていて、デザートとして食べることが多く、屋台ではプチトマトに飴をかけたトマト飴がよく売られています。

五章

菜

「菜」は「おかず」という意味があります。
この章ではレストランのメニューにある
肉・魚・野菜料理や、屋台で食べ歩きする料理、
台湾の家庭で作られるものなどを幅広くご紹介しています。
白いごはんに合う料理が多く、夕食のおかずにおすすめです。

口水雞《コウシュイジー》

鶏肉に黒酢やラー油などのタレがかかった料理。
もともとは中国四川料理ですが
台湾のレストランでも人気のメニューです。
よだれ鶏とも呼ばれ、よだれが出るほど美味しいという意味。
ゆで時間は最低限にして余熱で火を通すことで
鶏もも肉をやわらかく仕上げています。
ゆでた中華麺にタレごとのせるのもおすすめです。

よだれ鶏

材料－2人分

鶏もも肉…2枚(600g)
長ねぎ…1/2本
ピーナッツ(皮なし・粗く砕く)…適量
パクチー(ざく切り)…適量

A
- にんにく(すりおろし)…1片分
- しょうが(すりおろし)…1片分
- 黒酢…大さじ2
- しょうゆ…大さじ1
- 砂糖…大さじ1
- いりごま(白)…大さじ1
- ラー油…小さじ1/2
- 花椒粉…小さじ1/4

作り方

1 鶏もも肉は切り込みを入れて厚みを均一にする。長ねぎはみじん切りにする。

2 鍋に熱湯を沸かして1の鶏肉を入れ、ふたをして弱火で5分ゆでる(ゆで汁はとっておく)。火を止めてふたをし、そのまま冷めるまで置いて余熱で火を通し、1cm幅に切る。

3 ボウルに2のゆで汁大さじ4とAを入れてよく混ぜ合わせる。

4 器に2の鶏肉と長ねぎを盛り、3のタレをかけ、ピーナッツ、パクチーをのせる。

蒼蠅頭《ツァンイントウ》

もともとは中国四川料理で、若い人を中心に台湾で人気のメニューです。刻んだにらの花、豚ひき肉、生の唐辛子を豆豉などの調味料で炒めます。

本書では乾燥の赤唐辛子を使用していますが、辛味が強いので量を控えめにしています。

にらの花の代わりに比較的手に入りやすいにんにくの芽を使っていますが、味わいの近いにらや、食感が近いさやいんげんでも代用できます。

にんにくの芽とひき肉の豆豉炒め

材料 − 2人分

にんにくの芽…200g
にんにく(薄切り)…2片分
赤唐辛子(輪切り)…2本分
豚ひき肉…200g
ごま油…大さじ1

A
- しょうゆ…大さじ1
- 砂糖…大さじ1
- 酒…大さじ1
- 豆豉＊1(粗みじん切り)…大さじ1
- 花椒粉(あれば)…少々

作り方

1 にんにくの芽は小口切りにする。
2 フライパンにごま油を熱し、にんにく、赤唐辛子を加えて弱火で香りが出るまで炒める。豚ひき肉を加えて中火で色が変わるまで炒め、にんにくの芽を加えてさっと炒める。
3 Aを加えて1〜2分炒める。

MEMO お店によってはピータンが入っています。ピータンを入れる場合は1個を粗みじん切りにし、にんにくの芽と一緒に加えてください。

＊1　豆豉（トウチ）
大豆を蒸して発酵させ、塩漬けにした大豆の調味料。

蘿蔔糕《ルゥオブォガオ》

台湾では旧正月に食べる習慣がありますが、食堂やレストランでもよく出される定番おかずです。本来の作り方はせん切りの大根を煮てから米粉と混ぜ、蒸してから切り分け、焼いて仕上げる、というかなり手間がかかる工程ですが、手軽にできるようにすりおろした大根に白玉粉を加え、焼くだけで仕上げました。

大根もち

材料－2人分

大根…正味200g
干しえび…大さじ1(5g)
ごま油…大さじ1
A
- 白玉粉…100g
- 青ねぎ(小口切り)…大さじ2
- 塩…小さじ1/2

[タレ]
酢…適量
しょうゆ…適量
ラー油…適量

作り方

1 大根はすりおろす。干しえびはぬるま湯に20分浸してもどし、粗みじん切りにする。

2 おろした大根(汁ごと)と干しえびをボウルに入れてAを加えて混ぜる。

3 フライパンにごま油を熱し、2をスプーンで落とし入れて丸く広げ*1、ふたをして中火で蒸し焼きにする。焼き色がついたら裏返し、再度ふたをして焼き色がつくまで焼く。

4 器に盛り、タレの材料を混ぜ合わせて添える。

芹菜炒透抽《チンツァイチャオトウチョウ》

いかとセロリは台湾でよく使われる食材で、セロリの他に、へちまやにらの花をいかと炒めた料理もよく見かけます。

いかは日本では胴を筒切りにしますが、台湾では皮目に格子に切り込みを入れて美しく仕上げることが多いです。

いかとセロリの炒め物

材料－2人分

するめいか（胴の部分）…2杯分
セロリ…1本
にんにく（みじん切り）…1片分
しょうが（みじん切り）…1片分
赤唐辛子（輪切り）…1本分
塩…小さじ1/2
こしょう…少々
ごま油…大さじ1

作り方

1. いかの胴は皮をむいて5mmの格子に斜めに切り込みを入れ*1、5×2～3cmに切る。セロリは筋を取り、7～8mm幅の斜め切りにする。
2. フライパンにごま油を熱し、にんにく、しょうが、赤唐辛子を加えて弱火で香りが出るまで炒める。いか、セロリを加えていかの色が変わるまで中火で炒め、塩、こしょうで味をととのえる。

*1

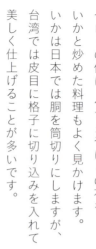

豆苗蝦仁《ドウミャオシァレン》

豆苗はエンドウの若い葉と茎を摘んだもので、
台湾でよく使われる食材です。
日本で流通しているものは水耕栽培でエンドウの若芽なので、
台湾のものより、茎が細く、食感は異なります。
本書では日本の豆苗を使用していますが、
空芯菜やほうれん草などでも代用可能です。

豆苗とえびの炒め物

材料 – 2人分

えび(無頭・殻付き)…8尾
豆苗…1袋
にんにく(薄切り)…1片分
A［酒…大さじ1
　 塩…小さじ1/2
ごま油…大さじ1

作り方

1 えびは殻をむいて背わたを取る。豆苗は根元を落とし、半分の長さに切る。

2 フライパンにごま油を熱し、にんにくを入れて弱火で香りが出るまで炒める。えびを加えて色が変わるまで中火で炒め、豆苗とAを加えてしんなりするまで炒める。

蚵仔煎《オアチェン》

台湾の屋台で人気メニューのひとつで牡蠣のオムレツです。地瓜粉《ディグァフェン》と呼ばれるタピオカ粉と片栗粉を加えることで、独特のぷるぷるな食感になります。地瓜粉は日本では手に入りにくいので、食感の近い片栗粉のみで代用しています。

牡蠣のオムレツ

材料－2人分

牡蠣…100g
チンゲン菜…30g
卵…2個
塩…小さじ1/4

A
- 水…50ml
- 片栗粉…大さじ1
- 塩…小さじ1/4

米油　大さじ1

［タレ］

B
- ケチャップ…大さじ2
- 白みそ…大さじ1
- 砂糖…大さじ1

作り方

1 牡蠣は片栗粉(分量外)をまぶして洗い、キッチンペーパーで水気をふく。チンゲン菜はざく切りにする。卵はボウルに割り入れ、塩を加えて混ぜる。

2 フライパンに米油を熱し、1の牡蠣とチンゲン菜を入れて中火で炒める。しんなりしてきたら混ぜ合わせたAを加えて混ぜ、透き通ってきたら取り出す。

3 フライパンを軽くふき、1の卵液を入れて弱めの中火で熱し、半熟状になったら2をもどし入れ*1、半分に折る*2。

4 器に3を盛り、混ぜ合わせたBをかける。

*1

*2

糖醋魚片《タンツーユーピェン》

糖醋《タンツー》は甘酢のこと。風味がよく旨みの強い黒酢がおすすめですが、酢でも代用できます。白身魚は本書では身が崩れにくいめかじきを使用していますが、さわら、たらなどもよく合います。白身魚に片栗粉をまぶすことで、調味料にとろみがつき、味がなじみます。

白身魚の甘酢あん

材料－2人分

- 白身魚…3切れ（240g）
- 塩…小さじ1/2
- 片栗粉…大さじ1
- パプリカ（赤・黄）…各1/2個
- 玉ねぎ…1/4個
- A
  - 黒酢…大さじ2
  - 水…大さじ2
  - しょうゆ…大さじ1
  - 砂糖…大さじ1
- ごま油…大さじ2

作り方

1. 白身魚は一口大に切り、塩をまぶして10分ほど置く。キッチンペーパーで水気をふき、両面に片栗粉をまぶす。パプリカは種とワタを取り、乱切りにする。玉ねぎは薄切りにする。
2. フライパンにごま油大さじ1を熱し、白身魚を入れて中火で両面に焼き色がつくまで焼き、バットなどに取り出す。
3. 2のフライパンにごま油大さじ1を足し、パプリカ、玉ねぎを入れてしんなりするまで炒める。
4. 2の白身魚をもどし入れ、Aを加えてとろみがつくまで炒める。

茶葉蛋《チャイェダン》

台湾の家庭に欠かせない卵料理といえば茶葉蛋。現在ではコンビニのレジ横にも売られています。ウーロン茶やしょうゆ、砂糖などの調味料とスパイスを加えた煮汁で煮た卵で、味が染みるようにあらかじめ殻にひびを入れます。

台湾風味付け卵

材料－4個分

卵…4個

A
- しょうゆ…大さじ2
- 黒砂糖…大さじ2
- 五香粉…小さじ1
- ウーロン茶ティーバッグ…1袋(8g)
- 水…600ml

作り方

1 鍋にたっぷりの湯を沸かし、卵を入れて中火で10分ゆでる。冷水にとって殻全体にひびを入れる*1。

2 鍋にAを入れて沸かし、1のゆで卵を加え、弱火で30分煮る。

3 粗熱がとれたら煮汁ごと保存容器にうつし、冷蔵庫で一晩漬ける。

蕃茄炒蛋《ファンチェチャオダン》

蕃茄《ファンチェ》はトマト、蛋《ダン》は卵のことで、トマトと卵の炒め物です。
トマトを皮がむけるまでしっかりと炒めてから卵を加えることで、
トマトと卵がバラバラにならず、味に一体感がうまれます。
レストランでも定番の一品で、
家庭料理としても人気のメニューです。

トマトと卵の炒め物

材料－2人分

トマト…2個(200g)
卵…3個
A［塩…小さじ1/2
　 こしょう…少々
しょうが(せん切り)…1片分
ごま油…大さじ2

作り方

1 トマトはヘタを取り、2～3cmのざく切りにする。卵はAを加えてよく溶きほぐす。
2 フライパンにごま油を熱し、トマトとしょうがを加えてトマトの皮がむけてくるまで炒める。
3 1の卵液を加え、はしで混ぜながら火を通し、半熟状になったら火を止める。

三杯雞《サンベイジー》

台湾では「九層塔《カウツァンタ》」と呼ばれる台湾バジルを使った料理が数多くありますが、三杯鶏はその代表格。
もともとは中国江西省の名物料理で、
しょうゆ、酒、油の3つの調味料を同量ずつ使って鶏肉を煮ることからその名がついたといわれています。
台湾では3つの調味料に砂糖が加えられ、土鍋で提供されることが多いです。

鶏肉とバジルの煮込み

材料－2人分

鶏もも肉…2枚(600g)
しょうが(薄切り)…1片分
A しょうゆ…大さじ2
　酒…大さじ2
　砂糖…大さじ1
ごま油…大さじ2
バジル…10枚

作り方

1 鶏もも肉は一口大に切る。
2 鍋にごま油を熱し、鶏肉を入れて中火で両面に焼き色がつくまで焼く。しょうがと**A**を加え、ふたをして弱めの中火で10分煮る。
3 火を止めてバジルを加えてさっと混ぜる。

魚香茄子《ユイシャンチェズ》

麻婆茄子のような炒め物。
本来は茄子を揚げて作りますが、
本書では手軽にするため多めの油で炒めています。
台湾では「九層塔《カウツァンタ》」と呼ばれる台湾バジルが
入っていることもあります。
味や香りは西洋バジルに似ていますが、
九層塔にはミントのような清涼感があります。

茄子とひき肉の炒め煮

材料－2人分

なす…3本
にんにく(みじん切り)…1片分
しょうが(みじん切り)…1片分
豚ひき肉…100g
長ねぎ(みじん切り)…1/4本分

A
- しょうゆ…大さじ1
- 酒…大さじ1
- 砂糖…大さじ1
- 豆板醤…小さじ1

ごま油…大さじ2
バジル…10枚
酢…大さじ1

作り方

1 なすはヘタを取り、縦8等分に切る。
2 フライパンにごま油を熱し、にんにく、しょうがを入れて弱火で香りが出るまで炒める。なす、豚ひき肉を加えて肉の色が変わるまで炒め、長ねぎとAを加えて混ぜる。
3 火を止めてバジル、酢を加えてさっと混ぜる。

干し大根のオムレツ

材料－2人分

切り干し大根…20g

ごま油…大さじ1

A
- 卵…3個
- 青ねぎ(小口切り)…大さじ3
- 水…大さじ2
- 砂糖…小さじ1
- 塩…小さじ1/2

作り方

1 切り干し大根は熱湯をかけてもどし、ざるにあげて冷水で冷やして水気を絞り、1cm幅に切る。

2 ボウルに**1**と**A**を入れて混ぜ合わせる。

3 フライパンにごま油を熱し、**2**を入れてはしで混ぜながら中火で火を通す。半熟状になったら裏返して軽く焼いて器に盛る。

菜脯蛋《ツァイプーダン》

菜脯《ツァイプー》と呼ばれる干し大根を使ったオムレツ。
菜脯は大根を切り、塩をまぶして干したもので、
台湾でよく使われる食材です。
日本では手に入りにくいので、
素材が同じ切り干し大根を使用します。

炒青菜《チャオチンツァイ》

台湾の食堂でメニューに炒青菜と書かれている場合、空心菜やA菜と呼ばれる緑色が濃いロメインレタスのような青菜が使われていることが多いです。

空心菜は中が空洞のシャキシャキとした食感の野菜です。

本書では台湾でメジャーな空芯菜を使用します。

空芯菜炒め

材料－2人分

空芯菜…1束(150g)
にんにく(薄切り)…1片分
赤唐辛子(輪切り)…1本分
A［酒…大さじ1
　 塩…小さじ1/4
ごま油…大さじ2

作り方

1 空芯菜は5cm幅に切り、茎と葉に分ける。
2 フライパンにごま油を熱し、にんにく、赤唐辛子を入れて香りが出るまで弱火で炒める。空芯菜の茎の部分を加えてしんなりするまで炒め、葉の部分とAを加えてさっと炒める。

MEMO 空芯菜の代わりに小松菜を使用する場合は茎の部分をしっかりと炒め、ロメインレタスを使用する場合は火が通りやすいので、ごく短時間で炒めるようにしてください。

清蒸魚《チンジェンユー》

蒸した魚にたっぷりの香味野菜とタレ、ごま油をかけた魚料理です。熱々のごま油をジュソッとかけることでたっぷりとのせた香味野菜も香ばしくなり、風味よく仕上がります。

白身魚の香味蒸し

材料 – 2人分

- 白身魚…1尾
- 長ねぎ…1/2本
- 長ねぎの青い部分…1本
- しょうが（せん切り）…1片分
- パクチー（ざく切り）…1/2束分
- A
  - しょうゆ…大さじ1
  - 酒…大さじ1/2
  - 砂糖…小さじ1
- ごま油…大さじ3

作り方

1 白身魚はウロコを落とし、内臓とエラを除いて洗い、キッチンペーパーで水気をふく。皮目に数本切り込みを入れる。長ねぎはみじん切りに、青い部分は斜め薄切りにする。

2 耐熱皿に長ねぎの青い部分をのせ、1の魚をのせる*1。フライパンにふきんを敷き、ふきんがかぶるくらいの水（分量外）を加えて火にかける。沸騰したら耐熱皿をのせ*2、ふたをして強火で10分ほど蒸す。

3 2の皿を取り出し、長ねぎ、しょうがをのせて混ぜ合わせたAをかける。

4 鍋にごま油を入れて中火で熱し、3の上にかけ、パクチーをのせる。

MEMO 台湾では石斑魚《シーパンコー》というハタ科の魚がよく使われますが、日本では高級魚なので、めばるや鯛、いさきなど、手に入りやすい23～25cm（300g以上）の白身魚を使ってください。本書ではキンキを使用しています。丸ごとの魚がない場合は切り身3～4切れで代用できます。

*1

*2

鹹酥雞《シェンスージー》

日本でいう鶏の唐揚げです。下味に五香粉《ウーシャンフェン》が入るのが特徴で、
バジルが添えられていることが多いです。
衣は地瓜粉《ディグァフェン》と呼ばれるキャッサバの根茎から作られた
デンプンのタピオカ粉をまぶしてあり、
サクサクとした食感が楽しめます。
本書では比較的食感の近い片栗粉を使用しています。

台湾風鶏の唐揚げ

材料－2人分

鶏もも肉…2枚(600g)
片栗粉…大さじ4
ごま油…大さじ4
バジル…適量

A
- しょうゆ…大さじ2
- 砂糖…大さじ2
- 酒…大さじ2
- 五香粉…小さじ1
- にんにく(すりおろし)…1片分

作り方

1 鶏もも肉は一口大に切る。
2 ボウルにAを入れて混ぜ、1を加えてよくもみ込み、表面に片栗粉をまぶす。
3 鍋にごま油を熱し、2を入れて両面がきつね色になるまで揚げ焼きにする。
4 器に盛り、バジルを添える。

きゅうりのピクルス

材料－2人分

きゅうり…2本

A
- 赤唐辛子(輪切り)…1本分
- にんにく(みじん切り)…1片分
- 酢…大さじ3
- 砂糖…大さじ1
- 塩…小さじ1/2

作り方

1. きゅうりは麺棒でたたき、5cm幅に切って、さらに縦4等分に切る。
2. 保存袋に**1**と**A**を入れ、冷蔵庫で1時間以上おく。

涼拌小黄瓜《リャンバンシャオファングァ》

台湾の食堂定番の小菜《シャオツァイ》で、きゅうりを酢、砂糖、塩で浅漬けにしたもの。小菜《シャオツァイ》はごはんものや麺類を食べる際に一緒に食べる小皿料理のことで、並んでいる棚から好きなものを自分で取る形式が多いです。生野菜を食べる習慣は日本ほどなく、お店で食べられる数少ない生野菜の一つです。

六章

鍋

台湾に行ったらぜひ食べてほしいのが鍋料理。
旨みをたっぷりと含んだスープは絶品です。
発酵させた白菜を使った酸白菜鍋《スァンバイツァイグオ》や
麻辣火鍋《マーラーフォグオ》は家で作るのは難しそうですが
材料や調味料を工夫すれば、お店の味も再現できます。

酸白菜鍋《スァンバイツァイグオ》

発酵した白菜と豚バラ肉がメインの鍋。
お店にはいろいろな漬けダレが用意してあることが多く、
それぞれお好みのタレを作って食べます。
スープに魚介類のだしを加えるために
帆立貝柱水煮缶を使用していますが、
えびや帆立などの魚介類でも代用できます。
好みで花椒粉《ホワジャオフェン》や春雨を
加えるのもおすすめです。

発酵白菜鍋

材料－4人分

白菜の漬け物(市販)*1…500g
木綿豆腐…1丁(300g)
干ししいたけ…8枚
水…1000ml
豚バラ薄切り肉…300g
さつま揚げ(小)…4枚
帆立貝柱水煮(缶詰)…1缶(125g)

[トッピング]
にんにく(すりおろし)…適量
パクチー(ざく切り)…適量

[タレ]
ねりごま…大さじ4
黒酢…大さじ2
しょうゆ…大さじ2
砂糖…大さじ1
ラー油…少々

作り方

1 白菜の漬け物は水気を軽く絞り、2cm幅に切る。豆腐は食べやすい大きさに切る。干ししいたけは分量の水でもどし(P5参照)、石づきを落として薄切りにする(もどし汁はとっておく)。

2 鍋にしいたけのもどし汁と帆立貝柱水煮を入れて火にかけ、煮立ったら軽く汁気をきった白菜、豆腐、干ししいたけ、豚肉、さつま揚げを加えて15分ほど煮る。

3 お好みでタレをつけ、トッピングをのせていただく。

MEMO 材料にあるタレの分量は目安です。タレはお好みで調合してください。

*1

麻辣火鍋《マーラーフォグオ》

中国四川省から来た、見た目からして辛そうな
真っ赤な鍋料理で、台湾にも多くの専門店があります。
お店では具材は肉や魚介類、野菜など
好みのものを選んで入れます。
鍋に仕切りをして麻辣スープと白湯スープを
一緒に食べることも多く、
その場合は鴛鴦《おしどり》火鍋と呼ばれています。

辛味鍋

材料－4人分

白菜…1/4個(500g)
長ねぎ…1本
しめじ…1袋
厚揚げ…1枚(200g)
にんにく(みじん切り)…2片分
しょうが(みじん切り)…2片分
豆板醤…大さじ2
豚しゃぶしゃぶ肉…300g
ごま油…大さじ1

A
水…1000ml
酒…大さじ2
五香粉…小さじ2
塩…小さじ1
花椒粉(あれば)…小さじ1/2

[タレ]
ごま油…適量
ねりごま(白)…適量

[トッピング]
にんにく(すりおろし)…適量
パクチー(ざく切り)…適量

作り方

1 白菜はざく切りにする。長ねぎは2cm幅の斜め切りにする。しめじは石づきを落とし、小房に分ける。厚揚げは食べやすい大きさに切る。
2 鍋にごま油を熱し、にんにく、しょうが、豆板醤を弱火で香りが出るまで炒める。Aを加え、煮立ったら白菜、長ねぎ、しめじ、厚揚げ、豚肉を加えて15分ほど煮る。
3 お好みで混ぜ合わせたタレをつけ、トッピングをのせていただく。

肉団子と白菜の鍋

材料－2人分

豚ひき肉…300g

A
- 卵…1個
- しょうゆ…大さじ1
- 酒…大さじ1
- 片栗粉…大さじ1
- しょうが(すりおろし)…1片分

白菜…1/8個(250g)

B
- 水…800ml
- 酒…大さじ1
- 塩…小さじ1

春雨…30g

ごま油…大さじ2

作り方

1. ボウルに豚ひき肉と**A**を入れて混ぜ合わせ、直径3～4cmの団子状に丸める。
2. 白菜はざく切りにする。
3. フライパンにごま油を熱し、**1**を入れて中火で転がしながら表面に焼き色がつくまで焼く。
4. 土鍋に**B**を入れて火にかけ、**2**と**3**を加え、煮立ったらふたをして弱火で20分ほど煮、春雨を加えてさらに5分煮る。

砂鍋獅子頭《シャーグオシーズートウ》

獅子頭《シーズートウ》と呼ばれる大きな肉団子を
砂鍋《シャーグオ》と呼ばれる土鍋で煮込んだ鍋料理。
肉団子をごま油で焼いてから煮ることで白菜と春雨、
スープに肉団子の旨みと香ばしさが染み込みます。

七章

甜

「甜」は「甘い」という意味があります。
豆花《ドウファ》やマンゴーかき氷、パイナップルケーキなど
台湾で人気のデザートをおうちで簡単に作れるようにアレンジしました。
街中のジューススタンドで売られているタピオカミルクティー、
すいかジュース、パパイヤミルクなど、甘いドリンクもご紹介します。

冰豆花《ビンドウファ》

豆花《ドウファ》は日本ではすまし粉とも呼ばれる
硫酸カルシウム（石膏粉《シーガオフェン》）で豆乳を固めたもので、
なめらかで弾力のある食感の
豆乳プリンのようなスイーツです。
石膏粉は日本では手に入りにくいので
ゼラチンで代用します。台湾でのトッピングは
本書で使用したピーナッツ、小豆のほかにタピオカ、
白玉、タロイモ、緑豆、はと麦など
たくさんの種類があります。

冷たい豆乳プリン

材料－2人分

粉ゼラチン…5g
水…大さじ1
無調整豆乳…350ml
砂糖…大さじ2
A
- 砂糖…50g
- 水…300ml
- ピーナッツ（皮なし）…50g

つぶあん（市販）…大さじ4

作り方

1 小さめの器に水を入れ、ゼラチンをふり入れてよく混ぜる。
2 鍋に豆乳と砂糖を入れ、中火にかけて沸騰直前まで温めて火を止め、1のゼラチンを加えて混ぜ溶かす。容器に注ぎ、冷蔵庫で2時間以上冷やし固める。
3 Aを鍋に入れて火にかけ、沸騰したらふたをして30分ほど煮る。容器にうつして冷蔵庫で1時間以上冷やす。
4 2をスプーンですくって器に入れ、3をかけ、つぶあんをのせる。

熱豆花《ルァドウファ》

温かい豆花《ドウファ》は熱豆花《ルァドウファ》といいます。
お店によって味は違いますが、
温かい豆花には黒糖やしょうがの効いた
甘みと辛みのバランスが絶妙なシロップがよく合います。
冰豆花《ビンドウファ》はゼラチンで固めていますが、
温かいシロップをかけると溶けてしまうため、
熱豆花は絹豆腐を使用します。

温かい豆乳プリン

材料－2人分

タピオカ（大粒・ブラック・乾燥）*1…20g

A
- 黒糖…50g
- しょうが（搾り汁）…小さじ1
- 水…300ml

絹豆腐…1丁（300g）

作り方

1 タピオカはたっぷりの水（分量外）に浸け、一晩置いてもどす。
2 鍋にたっぷりの熱湯を沸かし、1のタピオカを入れて浮いてくるまで中火で2分ほどゆでる。ざるにあげて冷水にとり、水気をきる。
3 別の鍋にAを入れて火にかけ、沸騰したら火を止める。
4 絹豆腐をスプーンですくって器に入れ、3のシロップをかけ、2のタピオカをのせる。

*1　ブラックタピオカ
キャッサバの根茎から作られたデンプンを糊化させて球状に加工し、乾燥させたもの。

芒果雪花冰《マングオシュエファビン》

台湾産アップルマンゴーをたっぷりと使った
マンゴーかき氷は、台湾の代表的な人気スイーツ。
台湾の人気グルメが集まった永康街《ヨンカンジェ》には数多くのかき氷店が並びます。
牛乳に練乳を加えて凍らせた氷を使用することで、
雪のようにふわふわで、口溶けの良いかき氷に仕上がります。

マンゴーかき氷

材料－2人分

A
- 牛乳…240ml
- 練乳…大さじ3(60g)

アップルマンゴー…1個

練乳…大さじ1

作り方

1 ボウルにAを入れてよく混ぜ、製氷カップにうつし、冷凍庫で凍らせる。

2 マンゴーはボウルの上で一口大に切る。切っている間に出た果汁に練乳を加えて混ぜる。

3 1を冷凍庫から取り出し、かき氷機で削り、2のマンゴーをのせ、ソースをかける。

MEMO 分量はお手持ちのかき氷機の製氷カップに合わせて調整してください。

黒砂糖かき氷

材料－2人分

A
- 水…240ml
- 黒砂糖…大さじ2

B
- 水…大さじ2
- 黒砂糖…大さじ2

練乳…大さじ1

作り方

1 鍋に**A**を入れて中火にかけ、黒砂糖が溶けたら火を止めて冷ます。製氷カップに入れ、冷凍庫で凍らせる。

2 別の鍋に**B**を入れて中火にかけ、とろみがついたら火を止めて冷ます。

3 **1**を冷凍庫から取り出し、かき氷機で削り、**2**の黒みつと練乳をかける。

MEMO 分量はお手持ちのかき氷機の製氷カップに合わせて調整してください。

黒糖冰《ヘイタンビン》

黒砂糖を加えて凍らせた氷で作ったかき氷。
さらに黒みつと練乳をかけていただきます。
ふわふわの雪花冰《シュエファビン》とは異なる素朴な甘さで、懐かしい美味しさです。
トッピングにマンゴーやタピオカ、つぶあんをのせるのもおすすめです。

愛玉子《オーギョーチー》

台湾に自生する愛玉子という果実の種で、
水の中でもむとゼリー状に変化します。
種に含まれるペクチンが水の中のカルシウムに反応して固まるため、
日本の水道水や軟水で作ると固まりにくく、やわらかく仕上がります。
本書では台湾で食べるような硬い仕上がりにするため
硬水を使用しています。

オーギョーチー

材料－2人分

水（硬水 MEMO参照）…400ml
愛玉子*1の種…大さじ2
A［はちみつ…大さじ3
　レモン汁…大さじ2
レモンの輪切り…2枚

作り方

1 愛玉子の種をお茶パックを二重にして入れる。
2 ボウルに水（硬水）と1を入れ、10分間手でもみ続ける。容器にうつして冷蔵庫で1時間ほど冷やし固める。
3 2をスプーンで崩し、器に盛って混ぜ合わせたAをかけ、レモンを添える。

MEMO 硬水：硬水は硬度304mg/lのevianを使用しています。コントレックスなど、より硬度の高いものを使用するとより硬く仕上がります。硬度は水1000mlの中に溶けこんでいるカルシウムとマグネシウムの量を表した数値で、硬度120mg/lを超えると硬水、120mg/l未満のものを軟水といいます。

*1 愛玉子
台湾に自生する愛玉子という果実の種。

湯圓《タンユェン》

もち米から作られた団子のことで、台湾では冬至や元宵節《ユェンシャオジャ》（旧暦の1月15日）に食べるのが伝統とされています。甘いものは甜湯圓《ティエンタンユェン》といい、シロップで煮たものや、ごまあんやピーナッツあんもあります。台湾ではもち米粉を使用しますが、同じもち米が原料の白玉粉を使用しています。

白玉団子スープ

材料－2人分

［生地］

白玉粉*1…100g

水…95g

［シロップ］

A
- きび砂糖…大さじ4
- 水…400ml
- クコの実…6粒

こしあん（市販）…100g

ねりごま（黒）…大さじ1

ピーナッツバター（加糖）…大さじ1

作り方

1 ［生地を作る］ボウルに白玉粉と水を入れてゴムベラで混ぜ合わせ、まとまってきたら10等分にして丸める。

2 こしあんの半量とねりごまをよく混ぜ合わせ、5等分にする。残りのこしあんとピーナッツバターをよく混ぜ合わせ、5等分にする。

3 **1**を平たくして中央に**2**をのせてそれぞれ包む。

4 鍋にたっぷりの湯を沸かし、**3**を入れて中火で3分ゆで、冷水にとる。

5 ［シロップを作る］別の鍋に**A**を入れて中火にかけ、煮立ったら混ぜてきび砂糖を溶かし、**4**を加えて温める。

*1　白玉粉
もち米を水に浸した後に、水を加えながら挽き、沈殿したものを乾燥させて作ります。もち米粉は同じもち米を原料としますが製法が異なり、もち米を水に浸した後に乾燥して粉にします。

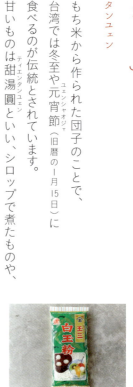

燒麻糬《シャオモァチー》

日本のお餅のような食べ物で、読み方の由来は日本のモチからきているといわれています。もち米の粉を熱湯で練った団子を低温の油で揚げて作ります。日本のお餅よりものびず、弾力がある独特の食感で、ピーナッツ粉や黒ごまがたっぷりとかけられています。本書では同じもち米を原料とする白玉粉を使用し、手軽にするため、熱湯でゆでた後に油をまぶしました。

ピーナッツとごまのお餅

材料－2人分

［生地］
白玉粉…100g
水…90g

ピーナッツ(皮なし)…30g
すりごま(黒)…大さじ2
砂糖…大さじ2
米油…大さじ1

作り方

1 ［生地を作る］ボウルに白玉粉と水を入れてゴムベラで混ぜ合わせ、まとまってきたら4等分にして小判形に丸める。

2 鍋に湯を沸かし、**1**を入れて浮いてくるまで中火で3～4分ゆでる。

3 ピーナッツは保存袋に入れて麺棒などで叩いて細かくし、砂糖大さじ1を加えて混ぜる。すりごまも砂糖大さじ1を加えて混ぜる。

4 **2**の表面に米油をまぶして器に盛り、**3**をかける。

芝麻球《ヂーマーチゥ》

点心のメニューの定番、ごま団子。
台湾では屋台でも売られています。
あんは普通のこしあんでも良いですが、
少量のねりごまを混ぜるだけで
ごまの味の濃い黒ごまあんに変身します。
皮むきタイプのいりごまを使用することで、
ごまの皮が口に残らず後味が良くなり、
見た目もきれいに仕上がります。

ごま団子

材料 – 10個分

［生地］

A
- 白玉粉…100g
- 薄力粉…25g
- 水…100g

B
- こしあん…100g
- ねりごま(黒)…大さじ1

いりごま(白・皮むき)…大さじ4

揚げ油…適量

作り方

1［生地を作る］ボウルに**A**を入れて混ぜ合わせる。

2 別のボウルに**B**を入れて混ぜ合わせる。

3 **1**を10等分にし、10等分にした**2**を包み、外側全体にいりごまをまぶす。

4 鍋に揚げ油を入れて160℃に熱し、**3**を入れて薄い焼き色がつくまで揚げる。

鳳梨酥《フォンリースー》

台湾のお土産の定番であるパイナップルケーキ。
名前はパイナップルケーキですが、中に入っているあんは、
伝統的に冬瓜が使われていました。
近年は酸味と甘さのバランスが良いパイナップルあん100%
のものが人気があり、本書ではパイナップルで作っています。
本来は専用の型を使って作りますが、
型がなくてもできる作り方にしました。

パイナップルケーキ

材料－10個分

[生地]
バター（食塩不使用）…75g
薄力粉…150g
砂糖…30g
卵…1個

パイナップル…1/2個分（正味300g）
砂糖…50g
レモン汁…大さじ2

作り方

1 [生地を作る] バターは角切りにする。フードプロセッサーに薄力粉、砂糖、バターを加え、さらさらになるまで撹拌する。
2 1に溶いた卵を加えてさらに撹拌し、ひとつにまとまったらラップで包んで冷蔵庫で1時間ほど休ませる。
3 パイナップルは7～8mm角に切る。鍋にパイナップル、砂糖、レモン汁を入れ、中火で混ぜながら10分ほど煮て冷ます。
4 2を打ち粉をして10等分にする。丸めて麺棒で直径10cmの円形にのばし、10等分にした3のあんを包んで*1裏返し、定規などをあてて四角く成形する*2。
5 天板にオーブンシートを敷いて4を並べ、200℃に予熱したオーブンで20～25分焼く。

MEMO フードプロセッサーがない場合は薄力粉、砂糖の中に角切りのバターを加え、カードでバターを細かく切るようにしてさらさらにしてから卵を混ぜてください。

珍珠奶茶《チェンジュナイチャ》

タピオカがごろごろと入ったスイーツ感覚のミルクティー。
台湾でブームになり、日本でも飲まれるようになりました。
タピオカはそのまま煮るとやわらかくなるのに
1時間以上ゆでる必要がありますが、
一晩水に浸けてもどしておけばゆで時間は2分ほどでOKです。

タピオカミルクティー

材料－2人分

タピオカ(大粒・ブラック・乾燥)[*1]…20g
紅茶(茶葉)…大さじ1
熱湯…250ml
牛乳…250ml
グラニュー糖…大さじ2

作り方

1 タピオカはたっぷりの水に浸け、一晩置いてもどす。
2 鍋に水を入れて沸かし、**1**のタピオカを入れて浮いてくるまで2分ほどゆでる。ざるにあげて冷水にとり、水気をきる。
3 ポットに紅茶の茶葉を入れ、熱湯を注いで3分ほど蒸らす。
4 **3**を茶こしでこし、牛乳とグラニュー糖を加えて混ぜる。冷蔵庫で1時間ほど冷やし、**2**のタピオカを加える。

*1　ブラックタピオカ
キャッサバの根茎から作られたデンプンを糊化させて球状に加工し、乾燥させたもの。

西瓜汁《シーグァジー》

西瓜《シーグァ》はすいかで、すいかを搾ったジュースのこと。
暑い日にぴったりの飲み物です。
台湾のジューススタンドでは、
氷と砂糖を加える量を選ぶこともできます。

すいかジュース

材料－2人分

すいか（小）…1/4個（正味400g）
氷…30g

作り方

1 すいかは皮と種を除いて2～3cm角に切る。
2 1と氷をミキサーに入れてなめらかになるまで撹拌する。

MEMO すいかは水分が多いので、水分を加えなくても撹拌できますが、ミキサーがまわりにくい場合には少量の水を加えてください。

芒果優酪乳《マングオヨウラオルー》

芒果《マングオ》はマンゴー、優酪乳《ヨウラオルー》はヨーグルトのことで、
マンゴーにヨーグルトを加えたさわやかなスムージー。
マンゴーが旬の時期しか売っていないお店が多いです。
マンゴーの甘さだけで十分なため、
糖分は加えていません。

マンゴーヨーグルト

材料－2人分

マンゴー…1個（正味250g）

A
- ヨーグルト…100g
- 牛乳…50ml
- 氷…100g

作り方

1 マンゴーは2～3cm角に切る。

2 1とAをミキサーに入れてなめらかになるまで撹拌する。

MEMO 日本では台湾よりもマンゴーが高価なので、冷凍マンゴーで代用しても。

木瓜牛奶《ムーグァニュウナイ》

台湾にあるジューススタンドで
人気の高いパパイヤミルク。
木瓜《ムーグァ》はパパイヤ、牛奶《ニュウナイ》は牛乳のこと。
パパイヤ独特の匂いが気になる場合は、
お好みでレモン汁を加えてください。

パパイヤミルク

材料－2人分

パパイヤ…1/2個（正味200g）
牛乳…200ml
はちみつ…大さじ1

作り方

1. パパイヤは皮と種を除き、2～3cm角に切る。
2. ミキサーに**1**と牛乳、はちみつを入れ、なめらかになるまで撹拌する。

酪梨香蕉牛奶

ラオリーシァンジャオニュウナイ

酪梨《ラオリー》はアボカド、香蕉《シァンジャオ》はバナナのことで、
アボカドとバナナのスムージーのこと。
台湾のアボカドは日本に出回っているものよりも大きくて、
皮がなめらかで硬く、味は少し水っぽく感じます。
そのまま食べるよりもバナナなどと
一緒にジュースにすることが多いそうです。

アボカドとバナナの スムージー

材料－2人分

アボカド…1/2個（正味80g）
バナナ…1本（正味100g）
牛乳…200ml

作り方

1 アボカドは皮と種を除き、2～3cm角に切る。バナナは皮をむいて2cm幅に切る。

2 ミキサーに**1**と牛乳を入れ、なめらかになるまで撹拌する。

星野奈々子（ほしのななこ）

フードコーディネーター。慶應義塾大学卒業後、日本IBMにてITエンジニアとして働きながら、本格的に料理を学ぶ。退社後、ル・コルドン・ブルー代官山校料理ディプロマを取得、祐成陽子クッキングアートセミナーを卒業し、独立。フレンチから和食、エスニック、中華と幅広いジャンルを得意とし、作りやすくておしゃれなレシピが人気。仕事で訪れた台湾に魅了され、台湾訪問回数は五十回を超える。『かんたんWECK FOOD』（PARCO出版）、『焼きっぱなしフルーツの香ばしレシピ』（辰巳出版）、『スープごはんと煮込みごはん』（椎出版社）など著書多数。

はじめての台湾料理

二〇一八年十二月七日　第一刷
二〇二〇年四月七日　　第四刷

著者　星野奈々子
アートディレクション・デザイン　久能真理
デザイン　青柳萌々
写真　鈴木信吾（P2〜3以外）
スタイリング　津金由紀子
調理アシスタント　sue
　佐々木ちひろ
校正　片山愛沙子
　聚珍社
協力　・陶芸家　大渕由香利
・UTUWA
・TOMIZ（富澤商店）
オフィシャルサイト　https://official.tomiz.com
オンラインショップ　https://tomiz.com
・エスビー食品株式会社
電話　〇四二ー七七六ー六四八八
https://www.sbfoods.co.jp
電話　〇三ー三六六八ー〇五五一
・川光物産株式会社
http://www.kawamitsu.co.jp
電話　〇三ー三二八一ー四四一一

発行人　井上肇
編集　熊谷由香理
発行所　株式会社パルコ　エンタテインメント事業部
〒一五〇ー〇〇四二
東京都渋谷区宇田川町一五ー一
電話　〇三ー三四七七ー五七五五

印刷・製本　株式会社加藤文明社

ISBN978-4-86506-284-7 C2077
Printed in JAPAN